Louisa Dellert

WIR

Weil nicht egal sein darf, was morgen ist.

KOMPLETTMEDIA

Nachhaltige Produktion:

Dieses Produkt wurde auf 100% FSC-Recyclingpapier, Blauer Engel zertifiziert, gedruckt und ökologisch in Deutschland produziert. Wir haben ausschließlich Cradle-to-Cradle (C2C) zertifizierte, vegane, kobalt- und mineralölfreie Druckfarben sowie C2C konformen und veganen Klebstoff verarbeitet. Die Veredelung ist durch mechanische Prägung besonders umweltschonend.

ClimatePartner.com/13336-1905-1001

FSC
www.fsc.org

MIX
Papier aus verantwor-
tungsvollen Quellen
FSC® C014496

Originalausgabe
1. Auflage 2021
Verlag Komplett-Media GmbH
2021, München
www.komplett-media.de
ISBN: 978-3-8312-0592-9
Auch als E-Book erhältlich
Redaktionelle Mitarbeit und Recherche: Nils Frenzel
Lektorat: Matthias Michel, Wiesbaden
Korrektorat: Ralf Dürr, München
Umschlaggestaltung: FAVORITBUERO, München
Satz und Layout: Buch-Werkstatt GmbH, Bad Aibling
Druck & Bindung: GGP Media GmbH, Pößneck

Gedruckt in Germany

INHALTSVERZEICHNIS

3. THEMENKOMPLEX
CHANCEN(UN)GLEICHHEIT IN DEUTSCHLAND 87

4. THEMENKOMPLEX
MIGRATION UND FLUCHT 114

VORWORT

Stille. Niemand sagt mehr etwas. Der Vater meiner Freundin steht auf und verlässt den Küchentisch. Meine Freundin und ich sehen uns an. Wir denken wahrscheinlich dasselbe. Diese Unterhaltung war nötig. Vielleicht hätten wir nicht so ins Detail gehen sollen. Aber das Thema war uns nun mal wichtig. Es lag uns am Herzen, darüber zu sprechen.

Eigentlich läuft so ein Besuch bei meiner Freundin aus der Schulzeit immer ganz entspannt ab. Ich lasse die Großstadt Berlin hinter mir, um ein paar Tage ins niedersächsische Landleben einzutauchen. Es fühlt sich jedes Mal wie ein Stück Heimat an. Das Landleben kenne ich nur zu gut. Meine Freundin und ich haben uns immer viel zu erzählen und ich freue mich jedes Mal auf die gemeinsamen Abendessen mit ihrer Familie.

Der Vater meiner Freundin ähnelt einer Walnuss. Es dauert ein bisschen, bis man durch die Schale durchkommt, aber die Mühe lohnt sich allemal. Seine Standardbegrüßung, wenn ich ankomme: »Die Hauptstadt ist da! Achtung, jetzt müssen wir wieder politisch korrekt sein.« Ein Satz, den ich inzwischen mit einem müden Lächeln hinnehme. Denn ich weiß schon, was dann kommt. Es wird wieder heftig diskutiert werden.

Wir reden über die Gleichberechtigung von Mann und Frau, über Ungleichheiten zwischen dem Landleben und der Großstadt, darüber, wie die Klimakrise unsere Zukunft beeinflussen wird. Wir reden über unsere persönlichen Probleme und Herausforderungen im Alltag. Wir sind uns selten einig, der Vater meiner Freundin und ich. Aber immerhin hören wir jedes Mal einander zu und lassen uns gegenseitig ausreden – auch wenn das Essen darüber kalt wird.

Dieses Mal ist es anders. Die Unterhaltung ist angespannter als üblich. Wir sprechen über die »Flüchtlinge da hinten am Dorfrand«. Wir lassen einander nicht ausreden. Wir diskutieren, wir streiten. Unsere Ansichten gehen komplett auseinander. Ich, die in Berlin an Demonstrationen teilnimmt, um auf die Probleme und Herausforderungen geflüchteter Menschen aufmerksam zu machen, und der Vater meiner Freundin, der Angst davor hat, dass ihm die Menschen, für die ich demonstriere, alles wegnehmen.

Inzwischen schweigen wir am Tisch. Meine Freundin hat bereits aufgegeben, als ihr Vater das Wort »Flüchtlingsheim« ausgesprochen hat. Mein Gefühl sagt mir: »Wir sind uns einig, dass wir uns nicht einig sind.« Aber ich bin davon überzeugt, dass es hier mehr braucht als eine Einigung auf keine Einigung. Hier schweben ganz viele Vorurteile durch die Küche. Vorurteile gegenüber Menschen, die nicht anwesend sind. Vorbehalte gegenüber Menschen, mit denen der Vater meiner Freundin noch nie ein Wort gewechselt hat. An diesem Abend sind es Vorurteile gegenüber geflüchteten Menschen.

Die Unterhaltung ist zum Schluss emotional extrem aufgeladen. Das Essen ist kalt. Ich sage zu ihm, dass wir nicht über Menschen urteilen dürften, bevor wir nicht mit ihnen persönlich geredet hätten, und frage ihn, wieso er sich denn nicht einfach mal auf sein Fahrrad schwingt, zum Dorfrand fährt und sich dort mit den Menschen unterhält, über die wir die ganze Zeit gesprochen haben. Ich erzähle ihm von einer Frau aus meinem Heimatort, die aus ihrem Heimatland fliehen musste. Ich erzähle ihm, wie sehr sie darunter leidet, dass sie immer noch als »anders« wahrgenommen wird, und frage ihn, wie er es finden würde, wenn man ihn in einer Gemeinschaft ausschließen würde.

Sein Gesicht ist jetzt knallrot. Er faselt irgendwas von wegen »wenn wir Hilfe von denen bräuchten, bekämen wir sie auch nicht«. Eigentlich ist der Vater meiner Freundin ein guter Kerl. Er ist hilfsbereit, ab und zu auch mal ganz witzig, und hat immer ein offenes Ohr für seine Nachbarn und die anderen Dörfler. Ich frage ihn, ob er die Menschen im Flüchtlingsheim am Dorfrand nicht zur Dorfgemeinschaft zähle. Keine Antwort. Er steht auf, schaut mich vorwurfsvoll an und verlässt den Tisch.

Eine Woche später ruft mich meine Freundin an. Sie ist ziemlich aufgeregt. Was sie erzählt, kann ich kaum glauben. Ihr Vater hat eine Familie zum Grillen eingeladen. Eine Familie vom Dorfrand. Oft sei er, erzählt meine Freundin, mit dem Fahrrad unterwegs gewesen und habe tagelang mit niemandem darüber gesprochen. Wo genau er war, will ich wissen. »Meine Mutter hat sein Fahrrad am Flüchtlingsheim stehen sehen.« Ich grinse am anderen Ende der Leitung. Er scheint sich unser Gespräch zu Herzen genommen zu haben.

Nach diesem Telefonat kam mir die Idee zu diesem Buch. Denn wenn wir mal ehrlich zu uns selbst sind, fällt uns der Blick über den eigenen Tellerrand manchmal ziemlich schwer. Statt uns mit anderen Menschen, die mit unserer Lebensrealität wenig bis gar nichts zu tun haben, und deren Gefühlen zu beschäftigen, bleiben wir lieber in unserer Komfortzone, bei unseren eigenen Themen und Problemen. Und dadurch entstehen oft Vorurteile.

Aber wie überwindet man Vorurteile und löst sie auf? Indem man Brücken baut. Aufeinander zugeht. Genau das möchte ich mit diesem Buch tun. Ich möchte Brücken zwischen unterschiedlichen Lebensrealitäten bauen. Brücken, auf denen wir uns begegnen können. Brücken, auf denen wir nicht nur einander zuhören, sondern auch voneinander lernen können. In meinem Kopf kreisten die unterschiedlichsten Fragen: Was sind die größten Herausforderungen, vor denen wir als Gesellschaft stehen? Was sind Themen, die in Gesprächen am Küchentisch oft polarisieren? Mit welchen Vorurteilen haben Menschen zu kämpfen? Und zwar nicht nur diejenigen, die von ihnen betroffen sind, sondern auch diejenigen, die sie mit sich herumtragen. Wo braucht es Lösungen? Wie kann ein gemeinsames Morgen aussehen? Kurz: Welche Brücken müssen gebaut werden?

Ich startete einen Aufruf im Internet auf meiner Instagram-Seite und fragte nach.

Das Feedback auf meinen Post war überwältigend. Sehr viele User:innen meldeten sich und erzählten mir von den Problemen und Missständen, denen sie tagtäglich ausgesetzt sind. So las ich mich durch beinahe 1.000 Nachrichten, die sich mal kürzer, mal länger fassten. Sechs Themen tauchten darin immer wieder auf: Feminismus bzw. Gleichberechtigung, die Klimakrise, Chancenungleichheit, Migration, Alltagsrassismus, digitale Gewalt. Kurze Zeit später fand ich mich auf meiner digitalen Reise an vielen verschiedenen Küchentischen in Deutschland wieder und hörte einfach nur zu.

Auf der Suche nach den großen Herausforderungen von morgen, denen wir heute schon begegnen sollten, wollte ich mich ganz bewusst zurücknehmen und vor allem die Menschen, mit denen ich mich unterhalten durfte, und die Fakten zu den unterschiedlichen Themenkomplexen sprechen lassen. Die Kombina-

tion aus den Interviews betroffener Personen und dem Fakten-
teil ist deshalb so wichtig, weil wir beides benötigen, um uns eine
vorurteilsfreie Meinung bilden zu können.

Manchmal wird, ja soll dieses Buch auch mal wehtun, weil es
bewusst in Wunden fasst, die wir bisher noch gar nicht gespürt
haben. Doch ein erhobener Zeigefinger soll dieses Buch nicht
sein. Es ist eine Einladung dazu, ein neues gemeinsames WIR zu
definieren. Und das geht nur, wenn wir einander zuhören.

1. THEMENKOMPLEX:

FEMINISMUS

Ich schaue das Mädchen verdutzt an, während ich ihr Handy halte und erst mal damit klarkommen muss, was ich auf dem Display lese. Ich habe an ihrer Schule gerade einen Vortrag über »Hate Speech in sozialen Medien« gehalten. Die Fünfzehnjährige wollte unbedingt noch alleine mit mir sprechen. »Feminismus existiert nur, um hässliche Frauen in die Gesellschaft zu integrieren. Kein Mensch braucht diesen Schwachsinn«, steht in der Kommentarspalte unter einem YouTube-Video auf ihrem Smartphone. »Der Typ sagt in seinen Videos immer, dass Frauen mit ihrer Gleichberechtigung nerven und übertreiben«, erklärt sie mir. »Die Jungs in meiner Klasse feiern ihn voll ab und ich finde das schlimm. Als ich sie darauf angesprochen habe, haben sie sich über mich lustig gemacht und gesagt, dass ich mich nicht so anstellen soll – weil ich ja zum Glück nicht hässlich bin.«

Um den Jungs in der Schulklasse erklären zu können, weshalb Feminismus wichtig ist, braucht es Geschichten von Menschen. Geschichten, auf die wir gleich zu sprechen kommen werden. Aber vorher möchte ich erklären, was Feminismus bedeutet. In erster Linie ist Feminismus ein Oberbegriff für gesellschaftliche, politische und akademische Strömungen und Bewegungen, die ein gemeinsames Ziel haben. Sie treten *für* Gleichberechtigung, Selbstbestimmung und die Würde aller Menschen ein – egal welches Geschlecht diese haben oder welchem Geschlecht sie sich zugehörig fühlen. Vor allem aber treten sie gegen etwas ein, das uns allen leider nur allzu bekannt ist: *gegen* Sexismus.[1] Sexismus lässt sich als Gegenbegriff zu Feminismus verstehen und beschreibt eine auf das Geschlecht bezogene Diskriminierung. Gemeint ist damit jeder Ausdruck – sei es eine Handlung, Worte, eine Abbildung oder Gesten –, der auf der Idee basiert, dass manche Menschen aufgrund ihres Geschlechts minderwertig sind.

Das können abfällige Aussagen sein wie »Zickst du schon wieder rum, weil du deine Tage hast?«, vergiftete Komplimente wie »Für eine Frau kannst du ja gut einparken« oder – der Spieß kann auch umgedreht werden – »Heul nicht rum, echte Männer weinen nicht«. Solche Kommentare und bestimmte Rollen, die Frauen und Männern zugewiesen werden, sind oft ebenfalls sexistisch. Feminismus ist so viel mehr als die Gleichberechtigung von Mann und Frau. Wenn ich in der Öffentlichkeit oder in kleiner privater Runde unter Freundinnen und Freunden über Feminismus spreche, dann ist oft eine Person darunter, die Feminismus mit Männerhass assoziiert. Eine zweite Person weiß nicht, was Feminismus bedeutet. Und wieder eine andere Person hat eine klare Vorstellung davon, wie sie Feminismus für sich persönlich definiert.

Ich nehme in solchen Gesprächen immer wieder wahr, dass der Begriff negativ behaftet ist. »Radikaler Männerhass« ist nur eine von vielen Aussagen, die mir dabei unterkommen. »Warum denn nicht einfach ein anderes Wort benutzen, statt immer von Feminismus sprechen?«, werde ich oft gefragt. Ich finde nicht, dass es einen neuen Begriff braucht. Viele Menschen haben in der Vergangenheit für ihre Rechte und Gleichberechtigung ge-kämpft – unter dem Überbegriff Feminismus. Wenn wir ein neues Wort einführen würden, würde sich das für mich falsch anfühlen, weil wir damit die Lebensleistung vieler kleinmachen.

Menschen, die sich vom Begriff Feminismus angegriffen füh-len, sollten sich meiner Meinung nach eher die Frage stellen, warum das so ist. Warum werden viele – vor allem Männer – gleich emotional, wenn Frauen sich wünschen, dass sie in Dis-kussionen genauso wahrgenommen werden wie Männer oder dass Führungspositionen nicht ausschließlich von einem Ge-schlecht – dem männlichen – besetzt werden. Bei all dem, was ich hier schreibe, ist es mir sehr wichtig klarzumachen, dass das Ziel des Feminismus nicht darin besteht, statt Männern aus-schließlich Frauen an die Spitzen von Politik und Wirtschaft zu bringen oder irgendwelche Machtverhältnisse radikal umzu-kehren. Ich möchte auch nicht allen Männern unterstellen, dass sie mit Absicht in Diskussionsrunden dazwischenreden oder Frauen weniger zuhören. Und nein, Männer sollen und dürfen nicht gecancelt werden. Vielmehr geht es mir um eine gerechte Verteilung und mehr Selbstbestimmung für Frauen, ja, für alle Geschlechter. Zwar ist in Deutschland »die rechtliche Gleich-stellung von Frauen und Männern erreicht. An der tatsächlichen, alltäglichen Gleichstellung arbeiten wir noch« – wie die Bundes-regierung selbst zugeben muss.[2]

Diese reale Ungleichheit zeigt sich zum Beispiel in der immer noch zum Teil unfairen, weil niedrigeren Bezahlung von Frauen gegenüber Männern; dazu später mehr. Die traurige aktuelle Faustregel: Je wichtiger die Position im Unternehmen, desto ge-ringer die Anzahl der Frauen, die sie innehaben. Das belegt eine Studie der Initiative Frauen in die Aufsichtsräte (FidAR): In 103 von 186 untersuchten börsennotierten Konzernen gab es keine einzige Frau in der Vorstandsetage.[3]

Aber immerhin tut sich hier etwas. Mitte Juni 2021 hat der Bundestag das »Zweite Führungspositionen-Gesetz« beschlossen. Das Vorhaben der Großen Koalition sieht vor, dass in börsennotierten Unternehmen mit mehr als 2000 Beschäftigten und in Vorständen mit mehr als drei Mitgliedern künftig mindestens eine Frau dem Vorstand angehören muss.[4]

Das sind lobenswerte Bemühungen, aber nur erste Schritte. Ich finde: Es muss sich grundsätzlich etwas in unserem Denken ändern. Denn schon in unserer Sprache wird deutlich, dass Frauen benachteiligt sind. Die meisten Personenbezeichnungen für Handelnde sind in ihrer Grundform Maskulina.[5] Also Lehrer, Arzt, Bürger. Durch das Anhängen des Femininsuffixes (meist »-in«) werden die weiblichen Bezeichnungen gebildet: Lehrerin, Ärztin, Bürgerin.

Wenn von einer Gruppe gesprochen wird, die aus Männern, Frauen und non-binären Personen besteht, kommt oft das sogenannte generische Maskulinum zur Anwendung: grammatikalisch die männliche Form, aber verstanden als geschlechterübergreifend. Bloß: Frauen zum Beispiel sind hier immer nur *mit*gemeint: 99 Sängerinnen und ein Sänger sind zusammen also 100 »Sänger«.[6] Das generische Maskulinum, dem kein adäquates generisches Femininum gegenübersteht, hat Auswirkungen auf die Art, wie wir denken. Meinen Aha-Moment, seitdem ich versuche, konsequent geschlechtergerechte Sprache umzusetzen, hatte ich, als ich im Internet auf die folgende Geschichte stieß:

> *Ein Vater fährt mit seinem Sohn im Auto. Sie verunglücken. Der Vater stirbt an der Unfallstelle. Der Sohn wird schwer verletzt ins Krankenhaus eingeliefert und muss operiert werden. Einer der Chirurgen eilt in den OP, tritt an den Operationstisch heran, auf dem der Junge liegt, wird kreidebleich und sagt: »Ich bin nicht imstande zu operieren. Dies ist mein Sohn.«[7]*

Mein erster Gedanke, als ich die Geschichte zum ersten Mal gelesen habe, war: Ist der Vater aus dem Auto gar nicht der leibliche Vater? Handelt es sich vielleicht um ein homosexuelles Elternpaar? Richtig ist: »Chirurgen« wird geschlechterneutral gebraucht und meint gleichermaßen Männer und Frauen. Die Auflösung der Geschichte: Die Mutter eilt in den OP. Sie ist Chirurgin. Aber an eine Frau denken eben die wenigsten (inklusive mir), wenn von Chirurgen die Rede ist. Diese Geschichte zeigt, welche Macht unsere Sprache hat und wie sehr sie unsere Wahrnehmung beeinflussen kann.

Es gibt aber nicht nur Unterschiede, was die Sprache angeht. Werfen wir einen Blick auf die mediale Repräsentation: In Fernsehserien werden Frauen häufiger als Krankenschwestern (statt als Ärztinnen) gezeigt, Männer dagegen häufiger als Ärzte (statt als Pfleger), die – noch dazu gebildeter und belesener – mit ihren kompetenten Entscheidungen immer schnell zur Stelle sind. Das klingt vielleicht zunächst wie eine Lappalie, aber ebenso wie die Art, wie wir sprechen, beeinflusst auch die Art, wie Medien und Werbung Frauenbilder, ja generell Geschlechterbilder, entwerfen und transportieren, enorm unser Denken und Handeln.[8]

Was tut der Feminismus also, um eine Gleichberechtigung zu erreichen? Zunächst einmal analysiert er aus verschiedenen Blickwinkeln die Gründe für die fehlende Gleichberechtigung. Einige der Fragen, die sich dabei stellen, werden uns in den Gesprächen im Anschluss an diese Zeilen begegnen. Kurz zum Unterschied von zwei wichtigen Begriffen, die in diesem Zusammenhang oft verwechselt und falsch verstanden werden: Gleichstellung und Gleichberechtigung. Gleichberechtigung meint, dass jede Person die gleichen Chancen hat. Gleichstellung bedeutet hingegen, dass eine zahlenmäßige Gleichheit herrscht. Einige der Fragen, die der Feminismus stellt, liegen auf der Hand: Warum gibt es in einer großen, modernen IT-Firma nur eine einzige Frau, die dort als Technikerin beschäftigt ist? Wie kann es sein, dass bei vielen Sportereignissen Frauen seit Jahrzehnten unterrepräsentiert sind und strukturell weniger gefördert, wenn nicht sogar ausgeschlossen werden? Inwieweit prägen Schönheitsideale und Körperbilder Mädchen und Jungen und schränken sie in ihrer Entwicklung oder bei der Berufswahl ein? Und vor allem fragt der Feminismus im nächsten Schritt: Was kann jeder Mensch ganz individuell tun, um das zu ändern? Es ist gar nicht so einfach, hierauf Antworten und Lösungen zu liefern.

Trotzdem sucht der Feminismus schon seit über zwei Jahrhunderten nach Lösungsansätzen. Fest steht: In der Regel sind es immer ungerechte Machtverhältnisse und vorherrschende Strukturen, die eine wirklich gelebte Gleichberechtigung verhindern. Folglich versucht der Feminismus, diese Ungerechtigkeiten zu benennen und so umzukehren, dass jede und jeder das eigene Leben selbstbestimmt gestalten kann. Feminismus strebt somit eine gerechtere Gesellschaft für uns alle an. Und noch etwas steht fest: Bis dieses Ziel erreicht ist, haben wir noch einen langen Weg vor uns. Trotzdem gehen ihn seit mehr als zweihundert Jahren Menschen jeglichen Geschlechts und konnten bereits wichtige Teilerfolge erringen.

Nachdem 1958, das ist gerade einmal knapp 60 Jahre her, das »Gesetz über die Gleichberechtigung von Mann und Frau auf dem Gebiet des bürgerlichen Rechts« in Kraft trat, wurde mit Elisabeth Schwarzhaupt 1961 erstmals eine Frau Bundesministerin.[9] Einen großen Sprung machte der Feminismus im Zusammenhang mit der 68er-Bewegung – es entstanden feministische Zeitschriften und andere Medien. Engagierte Frauengruppen lösten gesellschaftliche Grundsatzdebatten aus. Und in jüngster Zeit führten von Frauen initiierte Hashtags wie #Aufschrei oder #MeToo[10] zu einer neuen Debattenkultur über das Thema Alltagssexismus beziehungsweise strukturelle sexuelle Belästigung.

1.1 WELLEN DES FEMINISMUS

Die Geschichte des Feminismus ist über die Jahrhunderte hinweg nicht in einer gleichmäßig ansteigenden Kurve verlaufen. Vielmehr waren es drei große Wellen. Nach frühen Frauenrechtlerinnen wie der 1797 gestorbenen Mary Wollstonecraft (die Mutter der »Frankenstein«-Autorin Mary Shelley) brach die erste Welle des Feminismus gegen Mitte des 19. Jahrhunderts in vielen Ländern Europas und den USA los.[11] Sie war noch stark von den Idealen der Französischen Revolution, insbesondere der Gleichheit aller Menschen, und den Ideen der Aufklärung geprägt. Während dieser ersten Welle entwickelten sich vor allem in Deutschland zwei unterschiedliche Strömungen: die bürgerliche und die proletarische Frauenbewegung. Als eine der Begründerinnen der bürgerlichen Frauenbewegung gilt die Schriftstellerin und Demokratin Louise Otto (später: Otto-Peters), die im Jahr 1843 öffentlich diese Forderung formulierte: »Die Teilnahme der Frauen an den Interessen des Staates ist nicht ein Recht, sondern eine Pflicht.«[12]

Die zumeist aus gutbürgerlichem Haus stammenden Frauen machten sich für die Teilnahme an Bildungsmöglichkeiten stark und für die Möglichkeit, als Frau ein Studium absolvieren zu können. Gut zwanzig Jahre später, 1865, wurde in Berlin der Allgemeine Deutsche Frauenverein gegründet. Zu seinen wichtigsten Zielen zählte das Recht auf eine freie Wahl der Erwerbsarbeit und Lohngleichbehandlung. Für die aus der proletarischen Arbeiterbewegung hervorgegangene Frauenbewegung standen hingegen andere Forderungen eher im Fokus: Hier kämpften die Frauen für eine Verbesserung der Lohnsituation im Allgemeinen, für eine Verkürzung der Arbeitszeit und für einen umfangreichen Mutterschutz.[13]

Obwohl die beiden Frauenbewegungen unterschiedliche Forderungen aufstellten, wollten beide im Kern das Gleiche bewirken: die Gleichberechtigung der Geschlechter. Während dieser ersten Phase konnten bereits wichtige Veränderungen für Frauen erreicht werden, beispielsweise die Einführung des Frauenwahlrechts, das ab dem 12. November 1918 galt. Allerdings ebbte die erste Welle des Feminismus in den 1920er-Jahren zunächst ab. Bedingt durch die Weltwirtschaftskrise setzte ab dem Jahr 1929 eine starke Konkurrenz um Arbeitsplätze ein. Frauen wurden in der Regel von Betrieben und Firmen als Erste entlassen. Viele Faktoren, die dafür sorgten, dass Frauen wieder in alte Rollenbilder zurückgedrängt wurden, kamen nun zusammen. Beispielsweise wurde den Forderungen nach einem Frauenstudium gegen Ende des 19. Jahrhunderts in vielen Ländern zwar stattgegeben, aber die Anzahl der Frauen, die dann auch tatsächlich studierten, war zunächst überschaubar.

Später im Nationalsozialismus wurden viele Frauenorganisationen aufgelöst oder gleichgeschaltet. Das heißt, sie mussten sich der Nazi-Ideologie unterwerfen. Ehe und Familie mit möglichst vielen Kindern wurden als Idealbild hingestellt, die treusorgende Gattin und liebevolle Mutter galt für Frauen als die einzig wahre Lebensform. Nach dem Zweiten Weltkrieg änderte sich erst einmal nicht viel. Nicht nur in der Bundesrepublik war das so: In nahezu allen westlichen Industrienationen fand in der Nachkriegszeit eine Rückkehr zu traditionellen Geschlechterverhältnissen statt.[14]

Der Beginn der zweiten Welle des Feminismus ist eng verknüpft mit der französischen Philosophin, Feministin und Schriftstellerin Simone de Beauvoir. Sie analysierte im Jahr 1949 die Situation der Frauen in ihrem nach wie vor lesenswerten Buch »Das andere Geschlecht«. Darin wies sie eingehend auf die Unterdrückung der Frau hin und schuf eine der theoreti-

schen Grundlagen für die erstarkende neue Frauenbewegung.
Die Verschiedenheit der Geschlechter war für Beauvoir vor
allem kulturbedingt: »Man kommt nicht als Frau zur Welt, man
wird es«, heißt es in diesem Buch. Ihre Ausgangsfragen waren:
Was ist eine Frau in unserer Gesellschaft? Und wieso ist die
Frau immer »das andere«? Beauvoir beließ es aber nicht bei der
Analyse. Sie rief schon damals dazu auf, dass Frauen sich nicht
mit ihrem Status als »Ergänzung« des Mannes zufriedengeben
sollten, und setzte sich für das Recht auf Abtreibung ein. »Das
andere Geschlecht« ist ein feministisches Standardwerk und
ein Ausgangspunkt für weitere feministische Philosophie und
Literatur.

Zu den großen Errungenschaften der zweiten Welle gehören
in der Bundesrepublik Deutschland unter anderem das Inkraft-
treten eines neuen Scheidungsrechts im Jahr 1977 sowie drei
Jahre später die Verabschiedung des »Gesetzes über die Gleichbehandlung von Frauen und Männern am Arbeitsplatz«. Waren
Frauen vor 1977 noch zur »Führung des Haushaltes«[15] verpflichtet und durften nur arbeiten, wenn sie ihre familiären Ver-
pflichtungen nicht vernachlässigten, blieb nach dieser Reform
die Aufteilung der Aufgaben »den Eheleuten« überlassen. Interessant ist der Blick auf die Frauenrechte in der DDR. Anders als
in der Bundesrepublik war die Berufstätigkeit von Frauen dort
früh der Normalfall. Für den Wiederaufbau der Städte und der
Wirtschaft waren Frauen unentbehrlich, und Emanzipation und
Gleichstellung wurden ideologisch gefördert.

So wurde bereits 1949 in der DDR die Gleichberechtigung
von Männern und Frauen verfassungsrechtlich festgeschrieben
und im Frühjahr 1972 die sogenannte Fristenregelung ein-
geführt. Diese Regelung besagte, dass Frauen eine Schwanger-
schaft bis zur 12. Woche abbrechen konnten. Zugleich erhielten
sie die »Wunschkind-Pille« – wie die Antibabypille in der DDR

offiziell hieß – kostenfrei auf Rezept. Zudem wurden alleinerziehende Mütter bei Wohnraum, Kinderkrippe, Kindergarten und Schulhort bevorzugt.[16]

In dieser Zeit der Umbrüche, noch vor dem Fall der Berliner Mauer, entstand in Westberlin das erste Frauenhaus in der Bundesrepublik. Frauen, die Opfer von (zumeist sexualisierter) Gewalt geworden waren, bekamen hier von anderen Frauen Unterstützung und Beratung, auch in rechtlichen und medizinischen Fragen. Leider sind Frauenhäuser bis heute nötig. Seit den 1980er-Jahren wurde die Frauenbewegung vielfältiger, und eine dritte feministische Welle kam auf. Verschiedene Gruppen, seien es Migrantinnen, Mütter, homosexuelle Frauen, Wissenschaftlerinnen oder Frauen mit Rassismuserfahrungen, organisierten sich in vielen kleinen Vereinen, politischen Verbänden und Institutionen.[17] In Behörden und Parlamenten ebenso wie in Unternehmen gab es nun Frauen- und Gleichstellungsbeauftragte, die sich für die Rechte und Anerkennung der Frau in der jeweiligen Organisation starkmachten.

Das gesellschaftliche Bild von Frauen und die Art, wie man sie öffentlich – und auch privat – wahrnahm, hatten sich also ganz schön verändert. Das nahm vielen jungen Frauen den Druck, eine vorab und nicht von ihnen selbst bestimmte Frauenrolle einnehmen zu müssen. War es Anfang des letzten Jahrhunderts noch so gut wie unmöglich, als Frau zu studieren – es stand überhaupt nicht zur Debatte! –, hatten Frauen jetzt dank des Kampfgeistes und der Arbeit mutiger Pionierinnen die (nahezu) gleichen akademischen Möglichkeiten. Hundert Jahre nach der zaghaften Öffnung der Universitäten für Frauen bietet die Digitalisierung ein enormes Potenzial, sich zu vernetzen und sich nicht nur über Ungleichheit zu beklagen, sondern auch selbstbewusst auf die eigenen Rechte hinzuweisen und diese, wenn nötig, einzufordern. So setzte und setzt sich neues, selbstbewusstes feministisches Empowerment in Bewegung.

Mit der Zeit differenzierte sich der Feminismus immer weiter aus. Es entwickelte sich ein Diskurs zwischen vielen verschiedenen Positionen. Im Laufe der Jahre kam es zu unterschiedlichen Strömungen, die natürlich alle die Idee des Feminismus verfolgen, dabei aber unterschiedliche Schwerpunkte setzen.[18]

So sehen Vertreter:innen des sogenannten Radikalfeminismus[19], der in den 1960er Jahren entstand, in staatlichen Frauenförderungen keine effektive Methode zur absoluten Gleichberechtigung und fordern bis heute eine grundlegende Revolution für die Überwindung patriarchalischer Strukturen. Der Ökofeminismus[20] beschäftigt sich vor allem mit grundlegenden feministischen Fragen in Bezug auf Klimathemen. Der Queer-Feminismus kämpft vorrangig dagegen, dass der Staat oft nur zwischen zwei Geschlechtern unterscheidet (Mann und Frau). Immer wichtiger wird der intersektionale Feminismus. Dieser verbindet feministische mit antirassistischen Debatten. Denn das Geschlecht ist nicht die einzige Kategorie, die das Leben eines Menschen bestimmt. Auch Herkunft, Beruf, Religion, Hautfarbe, sexuelle Orientierung, Gesundheit, Alter und noch vieles mehr bestimmen die Sichtbarkeit von Menschen in unserer Gesellschaft.

Der intersektionale Feminismus verdeutlicht die Überschneidung von Rassismus und Sexismus und ist in unserer heutigen Gesellschaft extrem wichtig. Denn die diskriminierenden Erfahrungen von beispielsweise Schwarzen Frauen oder Frauen, die ein Kopftuch tragen, unterscheiden sich maßgeblich von denen *weißer* Frauen und müssen deswegen besonders betrachtet werden.[21]

Im Interview mit dem Onlinemagazin Fluter.de sagte die Journalistin Kemi Fatoba über die Wichtigkeit von intersektionalem Feminismus: »Dass es Unterschiede zwischen *weißen* und

Schwarzen Frauen gibt, war mir immer bewusst. Aber als ich gesehen habe, wie viele *weiße* Frauen beim Berliner Women's March
auf die Straße gingen und wie wenige in den Wochen darauf
gegen Rassismus protestierten, habe ich verstanden, dass *weißer*
Feminismus nicht für uns gemacht ist. Während Schwarze Männer und Frauen um ihre Grundrechte kämpfen und im Mittelmeer ertrinken, scheinen mir *weiße* Frauen vor allem daran interessiert, das *weiße* Patriarchat gegen das *weiße* Matriarchat
auszutauschen.«[22] Mir hat das Interview im ersten Moment weh-
getan. Ich habe mich dabei ertappt, dass ich mich als *weiße* Frau
angegriffen gefühlt habe. Inzwischen habe ich verstanden, dass
wir aufgrund dieser Ungleichheit intersektionalen Feminismus
unbedingt brauchen.

Es gibt also verschiedene Strömungen im Feminismus. Das
haben wir gerade gelernt. So unterschiedlich diese auch sein
mögen, eines haben sie gemeinsam: Sie setzen sich für Menschen ein, die benachteiligt, diskriminiert oder einfach nicht
ernst genommen werden. Dass das auch teilweise auf mich zu-
trifft, musste ich Anfang 2020 schmerzlich erfahren. Es war ein
Tag im Februar – und damit mein erster als Feministin.

Ich nahm im Berliner Regierungsviertel an einer Diskussions-
runde teil, in der auch der CDU-Politiker Philipp Amthor Gast
war. Das Thema war »deutsche Leitkultur«. Die Stimmung im
Saal war gut, aber auch ein wenig bierselig.

Das Publikum bestand überwiegend aus Männern. Wir
kamen vom eigentlichen Thema ab und sprachen über ein
Tempolimit auf deutschen Autobahnen. Das Publikum lauschte
gebannt Amthors Meinung dazu. Dann war ich dran: Die Männer vorne in der ersten Reihe amüsierten sich offenkundig über
das, was ich zu sagen hatte. Sie lachten und fielen mir ins Wort.
Mir war nicht sonderlich zum Lachen zumute. Ich nahm das
Mikrofon in die Hand, ging Richtung Publikum und forderte

die Männer auf, mich ausreden zu lassen. Hier musste ich das erste Mal als Frau darum kämpfen, dass ich frei und ohne eine Unterbrechung sprechen darf. Ich beschloss, dass ich mir das in Zukunft nicht mehr gefallen lassen werde, und begann direkt am nächsten Morgen, mich ins Thema Feminismus einzulesen. Heute, etwas mehr als anderthalb Jahre später, bezeichnen mich Männer in Kommentaren unter meinen Instagram-Beiträgen als »Turbofeministin« – das freut mich sehr.

Dass es für viele Männer nicht selbstverständlich ist, wenn sich Frauen äußern, verdeutlicht auch ein anderes Beispiel: Im April 2021 war die Virologin Melanie Brinkmann zu Gast bei der Talkshow von ZDF-Moderator Markus Lanz. In der Runde saßen auch CDU-Politiker Michael Kretschmer und Wolfgang Kubicki (FDP). Die bekannte Virologin äußerte in der Gesprächsrunde Unverständnis über Lockerungsschritte bei steigenden Corona-Fallzahlen und kritisierte die politische Kommunikation der Parteien. Doch anstatt der eingeladenen Expertin (und nebenbei bemerkt Universitätsprofessorin) einfach zuzuhören, fielen die Herren in der Runde ihr immer wieder ins Wort. Nach einigen Minuten musste sie sich schließlich mit einem energischen »Ich rede jetzt« Gehör verschaffen, was von den umhersitzenden Männern und auch von Gastgeber Lanz süffisant kommentiert wurde. Lanz: »Ich kann mal kurz rausgehen, ja. Sagen Sie Bescheid, wenn Sie mich wieder brauchen.«[23]

Für mich sind solche Beispiele nur ein Grund dafür, warum wir über Feminismus sprechen müssen. Trotzdem – oder gerade deswegen – bedeutet Feminismus eben auch nicht, alle Männer über einen Kamm zu scheren oder sie gar zu hassen. Feminismus bedeutet, auf strukturelle Probleme hinzuweisen, die sich über die Jahre nicht verbessert haben. Ich wünsche mir gleiche Rechte und Freiheiten und mehr Selbstbestimmung für alle Menschen – unabhängig von ihrem Geschlecht.

Während meiner digitalen Reise durch Deutschland bin ich bei zwei Frauen gelandet, die exemplarisch für viele andere stehen. Ihre Berichte zeigen nämlich, warum Feminismus so wichtig ist. In den kommenden Kapiteln berichten sie von ihren Erfahrungen am Arbeitsplatz im IT-Bereich und davon, wie es sich anfühlt, als Fußball-Schiedsrichterin zu arbeiten.

1.2 »EGAL WER, HAUPTSACHE EIN MANN«. ALS INFORMATIKERIN IN EINEM IT-UNTERNEHMEN

Der erste Ausflug meiner digitalen Deutschlandreise führt mich nach Baden-Württemberg. An einem verschneiten Freitagvormittag im Februar bin ich mit Kim verabredet. Kim ist Mitte zwanzig und arbeitet als Informatikerin in einem großen Systemhaus »im Schwabenländle«, wie Kim mit leicht schwäbischem Dialekt ihre Heimat nennt. »Kim« ist nicht ihr richtiger Name, aber für das Gespräch mit mir möchte sie lieber anonym bleiben. Auf dem Display meines Laptops sehe ich eine sympathische junge Frau mit schulterlangem blonden Haar, die mir zuwinkt. Sie ist, wie so viele von uns in diesen Zeiten, momentan im Homeoffice. Der Schnee fällt sanft über Berlin. Deutschland befindet sich mitten im zweiten coronabedingten Lockdown. Aber das ist nicht der einzige Grund, warum Kim müde ist. Es sei auch das ständige Aufbegehren, das Dagegenhalten und das Sichtbarmachen ihrer Position innerhalb ihrer Firma, was sie ermüdet. Auch weil sie es seit dem Start ihres noch jungen Berufslebens nicht anders kennt.

Kim entwickelt schon in der Schule früh ein Interesse für Naturwissenschaften und fängt nach ihrem Abitur ein duales

Studium im Bereich Informatik an der dualen Hochschule Baden-Württemberg in Stuttgart an. Sie freut sich, als sie die Zusage für dieses Studium und gleichzeitig einen Ausbildungsplatz in einem IT-Betrieb in der Nähe von Stuttgart erhält. In ihrem Ausbildungsbetrieb fühlt sich Kim wohl. Sie zieht um, lernt neue Kolleg:innen kennen, engagiert sich und büffelt nach der Arbeit für den Hochschulabschluss. Eigentlich läuft alles gut, sagt Kim im Videocall, aber da gäbe es doch eine Sache, die ihr vom ersten Tag an auffällt und die sie stört.

In der IT-Abteilung der Firma fühlt sie ein sexistisches Grundrauschen. Männliche Kollegen reden abfällig über sie, wenn sie glauben, Kim sei nicht mehr im Raum. Sie wird als »die Frau« gesehen und nicht als vollwertige Kollegin. Auch hat sie das Gefühl, dass männliche Azubis bevorzugt werden, absurderweise auch, weil diese nicht noch zusätzlich studieren wie sie. Ihr Engagement und ihr Ehrgeiz werden ihr vorgeworfen. Es ist vor allem der Sexismus und die Sprüche über sie, die sie stören. »Ganz ehrlich, ich dachte, wir sind mittlerweile in einer Zeit, in der das so nicht mehr stattfindet«, erzählt Kim und berichtet von früheren Eindrücken und Erlebnissen, die viele Frauen sicherlich aus eigener Erfahrung kennen. »Ich habe vor dem Ausbildungsbeginn neben meiner Schulzeit gekellnert, und da war es mit ein paar angetrunkenen Männern auch schon manchmal echt schwierig. Aber damals habe ich den Kopf eingezogen und gesagt: Okay, die haben vielleicht einen getrunken und dann ist das so eine Schwabenmentalität.« In diesem Moment denke ich ganz kurz an meine eigene Zeit als Kellnerin zurück und stimme ihr schweigend zu. Von betrunkenen Männern, die mir sexistische Sprüche an den Kopf warfen, kann auch ich ein Lied singen.

Kim ging davon aus, dass sich die Verhältnisse normalisieren würden, wenn sie erst mal aus der Gastro raus wäre. Aber mit dem Job als Informatikerin änderte sich nicht viel. »Ich hätte wirklich nicht gedacht, dass Sexismus in so einem großen Konzern oder in der Informatikbranche allgemein so ein Riesenthema ist. Ich dachte, das hätten wir alles überwunden und das sei längst Geschichte.«

Kim atmet aus, macht eine kurze Pause und gibt mir die Gelegenheit für einige Nachfragen. Ich möchte wissen, wie es mit den generellen Strukturen innerhalb der Informatikbranche aussieht. Das Klischee kennt man ja: Die IT-Branche ist voll von Männern, Frauen sind die Ausnahme. Ist das wirklich so? Und wenn ja, wie wirkt sich das aus?

Kim nickt und gibt mir einen Einblick in ihre tägliche Arbeit. Die sieht so aus: In ihrem Betrieb gibt es zum einen Vertriebler:innen und zum anderen Informatiker. Die Vertriebler:innen sprechen mit Kund:innen und die Informatiker – die Techniker – setzen das Ganze um. Es wäre schön, hier auch »Informatiker« und »Techniker« zu gendern, aber es ist nicht nötig, weil bei Kim im Team nur Männer diesen Job machen. Bei ungefähr 30 Technikern ist sie die einzige Frau. Nach dieser Erkenntnis schweigen wir kurz. Wenn Kund:innen sich bei ihr per E-Mail oder Telefon melden, werde sie daher sehr oft als »Herr« angesprochen. Viele Kund:innen würden zwangsläufig fast immer davon ausgehen, dass sie ein Mann sei.

Das ist nur eine der vielen Randerscheinungen, die niemand außer ihr bemerkt. Für sie ist das Alltag. Fast täglich muss sie die »Herr«-Anrede korrigieren. Außerdem komme es regelmäßig vor, dass die Kunden explizit nach »dem Techniker im Haus« fragen. Dann würde sie sagen, erzählt Kim: »Ja. Das bin ich. Ich bin die Informatikerin. Sie sprechen mit mir.« Gar nicht mal so selten würden die zumeist männlichen Kunden dann trotzdem gerne einen Mann sprechen. »Egal wer, Hauptsache ein Mann«, sei die Devise. Und das im Jahr 2021.

»Aber das passiert doch nicht überall, und nicht alle Männer sind so«, könnte man jetzt denken. Stimmt. Trotzdem existieren diese Denkmuster immer noch, und zwar gar nicht mal so selten. Und solange es diese gibt, werden sie auch immer weitergegeben. Und das ist ein Problem. Aber zurück zu Kim.

Viele Kunden vermeiden ihr gegenüber, bewusst oder unbewusst, die Verwendung von Fachbegriffen aus der Systeminformatik. Sie glauben offenbar, Kim beherrscht die Fachsprache nicht – einfach nur wegen ihres Geschlechts. Das kann ich natürlich jetzt nicht belegen, aber wenn es stimmt, ist es krass. Dass Kim studiert hat und höher qualifiziert ist als viele ihrer männlichen Kollegen, interessiert in diesem Moment nicht. Auch das gehört zur Arbeitsrealität in Deutschland. Die Qualifikation von Frauen rückt in den Hintergrund, wenn das Geschlecht für das Gegenüber nicht stimmt – so wie bei Kim.

»Egal wer, Hauptsache ein Mann.« Bei solchen Sätzen klappt mir die Kinnlade runter. Ich möchte in diesem Moment einfach nicht glauben, dass solche Aussagen im Jahr 2021 noch gemacht werden. Kim ist in ihren Ausführungen präzise, aber man merkt ihr schon auch an, dass sie gegen Windmühlen kämpft. Eine andere Geschichte, sagt sie, sei es eben auch, dass ihr Gehalt abhängig ist von Projekten, die sie entwirft und umsetzt. Doch bei vielen Kundenprojekten wird sie zunächst intern einfach übergangen. Es seien die eh schon überproportional vorhandenen Männer, die lukrative Aufträge gerne einander zuschieben würden, erzählt sie. Kim muss also regelmäßig in Eigeninitiative nachfragen und sich bemerkbar machen, statt als Teil eines gewachsenen Teams wahrgenommen zu werden.

Ich frage Kim nach dem Verhältnis zu ihrem Vorgesetzten und was von dem Unternehmen getan wird, um mehr Frauen einzustellen und die Position der schon vorhandenen zu stärken. Kim zögert kurz und beschreibt das Verhältnis zu ihrem Chef als sehr gut. Er setze sich dafür ein, dass sie ausreichend Projekte bekomme, und seine Tür stehe für sie immer offen. Er kenne ihre Qualifikation und mache sich für sie stark. Einerseits ist das natürlich prima und erfreulich (so muss es übrigens auch laufen, wenn man in einer Vorgesetztenrolle ist), belegt aber auf der anderen Seite ein strukturelles Grundproblem: Das gute Verhältnis zu ihrem Chef ist für Kim, als einzige Frau in der IT-Abteilung, eine Grundvoraussetzung. Aber angenommen, Kim würde sich – aus welchen Gründen auch immer – nicht mit ihrem Chef verstehen. Wer wäre dann ihre verstärkende Stimme bzw. ihr Fürsprecher? Einen Betriebsrat gibt es nicht, sagt sie, eine Frauenquote (natürlich) auch nicht. An einer Debatte über das ungleiche Verhältnis zwischen Frauen und Männern in dem Betrieb besteht auch nicht wirklich Interesse. Es gibt offenbar kein Bedürfnis nach einer strukturellen Umstellung oder nach mehr Diversität. Das Unternehmen beteilige sich an MINT-Aktionen, bei denen sie auch schon dabei gewesen sei, erzählt Kim. Das Projekt ist relativ simpel: Frauen gehen an Schulen und machen Werbung für naturwissenschaftliche Berufe (Mathe, Informatik, Naturwissenschaften, Technik = MINT). Aber das sei eben alles. Und ob das wirklich hilft, ist fraglich, gerade wenn der echte Arbeitsalltag so aussieht, wie Kim ihn beschreibt. Mehr würde ihre Firma aber auch nicht machen, erzählt sie. Es werde halt das absolute Minimum getan, und deshalb sei es auch nicht wirklich verwunderlich, dass sie die einzige Frau unter den Technikern ist.

Zwar wird Kim nicht offiziell kleingehalten und macht denselben Job wie die anderen Techniker, aber sie ist nun mal eine Minderheit und wird auch als solche gesehen und behandelt – auch wenn das niemand offen ausspricht und vielleicht auch nicht immer überhaupt wahrnimmt. Mehr Frauen würden dem Unternehmen sicherlich guttun, ihr sowieso, da ist sich Kim sicher.

Wenn man Kim so beim Sprechen zusieht, spürt man dieses fast schon lähmende Gefühl der Dauerbelastung. Sie wirkt energisch, sehr intelligent und spricht geradeheraus, und auch die Tatsache, dass sie keine Hemmungen hat, ihrem Chef sofort mitzuteilen, wenn es ein Problem mit einer Projektvergabe gibt, zeigt, dass sie sich nicht versteckt. Aber auch wenn ihr Chef verständnisvoll reagiert, ändert das nichts an der Tatsache, dass die Grundstruktur in der Firma und vielleicht sogar in der ganzen Branche problematisch ist. Das zeigt sich auch, wenn Kim von ihrer Zeit an der Uni erzählt:

»Also in meinem Studiengang waren wir um die 30 Leute. Grob geschätzt. Davon waren fünf Frauen. Das klingt jetzt erst mal nicht viel, ist aber schon über dem Durchschnitt.« Aber, und das käme eben dazu: »Von den fünf Frauen sind alle nach ihrem Abschluss in den Vertrieb gewechselt«, also in den Bereich, in dem auch in ihrer Firma viel mehr Frauen arbeiten. Sie sei die einzige Frau aus ihrem Studiengang, die im Informatik-Bereich geblieben ist.

Das Ganze sei ermüdend, sagt Kim, atmet schwer aus und schaut an der Kamera vorbei. Ich glaube ihr. Sie steht erst am Anfang ihres Berufslebens, muss aber jetzt schon viel Energie darauf verwenden, genauso wie ihre männlichen Kollegen behandelt zu werden. Große Chancen für eine Veränderung ihrer persönlichen Lage sieht sie momentan nicht. Sie tue ja schon alles Mögliche, aber irgendwo stoße auch sie immer wieder an ihre Grenzen.

Ich verabschiede mich und bedanke mich für das offene Gespräch. Dann schließe ich den Laptop. Was für ein Missstand – und das im Jahr 2021.

1.3 ALLEINE UNTER MÄNNERN: FRAUEN IN DER IT-BRANCHE

»Okay, Lou, das ist ja eine ganz nette Story. Aber so schlecht wird es ihr schon nicht gehen, schließlich hat sie ja (als Frau) diesen Job, und ihr Alleinstellungsmerkmal ist doch sicherlich teilweise auch vorteilhaft«, mag man jetzt vielleicht denken. Oder: »Das ist sicher ein Einzelfall.« Aber ist das wirklich so? Oder gibt es im Beispiel von Kim und ihrer Firma ein strukturelles Problem?

Dieses Buch ist mir wichtig. Ich will einen Blick hinter die Geschichten von Menschen und ihren Lebensrealitäten werfen – um diese sichtbar zu machen. Den persönlichen Erfahrungen meiner Interviewpartner:innen stelle ich einen Faktencheck gegenüber.

Bei dem Beispiel von Kim müssen wir uns also unweigerlich die Frage stellen: Wie gut sind Frauen beziehungsweise weiblich gelesene Personen im IT-Sektor aufgestellt? Hier hilft ein Blick in die Statistik:

Laut einer Befragung des Verbandes bitkom kommen in der Branche nur 15 Prozent der Bewerbungen von Frauen. Bei den befragten 504 IT- und Telekommunikationsfirmen sind lediglich 17 Prozent der Stellen für IT-Spezialisten von Frauen besetzt.[24]

Nach der European Union Labour Force Survey, welche gesamteuropäische Statistiken erstellt, liegt der Frauenanteil in der IT-Branche in Deutschland bei nur 16 Prozent. Zum Vergleich: In den USA beträgt der Frauenanteil in IT-Unternehmen 26, in Kanada 25 und in Australien 28 Prozent. Auch in Bulgarien, Litauen, Rumänien und den skandinavischen Ländern liegt der Frauenanteil in diesen Berufen bei mindestens 20 Prozent.[25] Aber das ist nicht das einzige Problem. Wie Kim es in ihrer Geschichte aus ihrem Arbeitsalltag schon hat anklingen lassen, ist vor allem der sogenannte Gender Pay Gap ein Problem. Der Gender Pay Gap bezeichnet den Unterschied zwischen dem durchschnittlichen Brutto-Stundenlohn von Frauen und Männern.[26]

Die Lücke (der »Gap«), die hierbei entsteht, wird als prozentualer Anteil des durchschnittlichen Brutto-Stundenlohns von Männern angegeben. Unterschieden wird außerdem zwischen unbereinigtem und bereinigtem Gender Pay Gap. Für den unbereinigten Gender Pay Gap werden die absoluten Brutto-Stundenverdienste ins Verhältnis zueinander gestellt, ohne die ursächlichen Faktoren für den Gap zu berücksichtigen. Gerechnet wird also nur mit den nackten Zahlen. Dagegen misst der bereinigte Gender Pay Gap den Gehaltsunterschied zwischen Männern und Frauen mit vergleichbaren Qualifikationen und Tätigkeiten.[27] Klingt vielleicht erst mal etwas kompliziert? Ein Beispiel zur Verdeutlichung: Eine junge Frau fängt in einer Versicherungsgesellschaft an und bekommt ein Gehalt angeboten. Dieses Angebot fällt niedriger aus als bei einem männlichen Berufsanfänger, obwohl dieser Mann den gleichen Universitätsabschluss hat. Die Frau verdient also weniger, und der Grund dafür ist nicht ihre geringere Qualifikation, sondern ihr Geschlecht. Ein solcher Gehaltsunterschied wird durch den bereinigten Gender Pay Gap ausgedrückt. Und der fällt in Deutschland extrem hoch aus. Um es mit Zahlen zu belegen: Im Jahr 2020 verdienten Frauen 18 Prozent weniger als Männer.[28] Diese Zahl muss ich erst einmal sacken lassen. Sie betrifft übrigens jeden Berufsstand – nicht nur die »männliche« IT-Branche.

Frauen verdienen laut Statistischem Bundesamt durchschnittlich 4,16 Euro pro Stunde brutto weniger. 4,16 Euro weniger – einfach nur für den Faktor »weiblich«.

In der IT-Branche ist der Gender Pay Gap noch größer. Frauen verdienen hier rund 25 Prozent weniger als ihre männlichen Kollegen.[29] Kims Bericht stützt diese harten Fakten – und

Dinge wie projektbezogene Bezahlung sind darin nicht einmal berücksichtigt. Auch auf offene Stellenausschreibungen für Programmierer:innen und IT-Expert:innen bewerben sich oft nur rund 10 bis 20 Prozent Frauen. Die Frage, die sich natürlich jetzt anschließt: Wie lässt sich das in Zukunft beheben? Die Autor:innen der Studie »Rahmen- und Arbeitsbedingungen für Frauen in der Internetwirtschaft« sehen unter anderem die Stärkung weiblicher Netzwerke, spezielle Mentoring-Programme, Diversity-Trainings für Führungskräfte und Vorgesetzte und Unternehmenskulturen, die Vielfalt bewusst fördern, als Grundvoraussetzung. Der Faktencheck ergibt also, dass die Geschichte von Kim und ihrem männlich-dominierten Büroalltag die tatsächliche Arbeitsrealität – leider – sehr zutreffend beschreibt.[30]

Interessant ist auch, dass die IT-Branche zunächst eher weiblich war und sich erst nach und nach zu einer Männerdomäne entwickelt hat. Die ersten Programmiererinnen waren Frauen. Die Amerikanerin Grace Hopper, eine der Pionierinnen der Informatik, war sogar überzeugt davon, dass Frauen die besseren Programmiererinnen seien. Von ihr stammt der Satz: »Man muss vorausplanen und alles so terminieren, dass es fertig ist, wenn man es braucht. Das geht nur mit Geduld und dem Blick für Details. Frauen sind Naturtalente im Programmieren.«[31] Aus heutiger Sicht ist diese Aussage meiner Meinung nach problematisch, aber Hopper wollte damit möglicherweise dem damals vorherrschenden Frauenbild entgegentreten und diese in ihrem Können bestärken. 1987 lag der Frauenanteil unter den Software-Entwickler:innen in den USA bei heute undenkbaren 42 Prozent. So ist es also eher verwunderlich, dass heute weniger Frauen in IT-Berufen arbeiten. Denn eigentlich weicht dies von der historischen Norm ab.

Was sind die Gründe, warum Frauen weniger in technischen Berufen arbeiten? Dem Branchenmagazin com! sagte Christine

Regitz von der Gesellschaft für Informatik im Jahr 2020, dass es vor allem an weiblichen Vorbildern für junge Frauen fehlt. Und ich finde, an dieser These ist einiges dran. Es mangelt an coolen, jungen Frauen, die Werbung für einen technischen Beruf oder für den Job als IT-lerin machen. Hinzu kommt, dass es sich bei vielen IT-Produkten um wenig greifbare Dinge handelt und es von außen schwierig zu verstehen ist, wie das Aufgabenspektrum aussieht und welche Kompetenzen gebraucht werden. Aber das ist natürlich ein allgemeines Problem und nicht eines, das nur Frauen betrifft. Aber wie klappt es jetzt mit einer Karriere in der IT für Frauen oder weiblich gelesene Personen? Im besten Fall interessieren sich Frauen schon vor der Berufswahl für IT-Themen und Technik. Das könnte natürlich viel besser gelingen, wenn zum Beispiel Informatik für alle Schülerinnen und Schüler ein Pflichtfach wäre. Aber selbst wenn ein Interesse für das Thema vorhanden ist, fühlen sich (wie Kim) wenige Frauen in der Männerdomäne IT so richtig wohl. Das könnte auch damit zusammenhängen, dass im IT-Bereich Frauen, wie Studien zeigen, ihre eigene Leistung unterschätzen, während Männer zur Überschätzung neigen und entsprechend dominant auftreten. Das ist allerdings nicht nur in der IT-Branche der Fall. Ich bekam letztens einen Anruf: »Frau Dellert, wir hätten Sie gerne in unserer Politik-Runde im TV dabei.« Es dauerte nur eine Sekunde, bis sich ganz viele Fragen in meinem Kopf anstauten. Bin ich dafür überhaupt die richtige Person? Kenne ich mich in allen Themenkomplexen, die da besprochen werden, gut genug aus? Gibt es nicht andere Expert:innen, die besser geeignet wären?

Die Fragen blieben nicht nur in meinem Kopf. Ich stellte sie auch der Dame am Telefon. Sie lachte aus vollem Herzen: »Frau Dellert, ich hatte vor Ihnen grade zwei Männer am Telefon, die mir sofort zugesagt haben, bevor sie überhaupt wussten, um welches Thema es geht. Sie dürfen ruhig selbstbewusster mit sich und Ihrer Arbeit umgehen.« Zusammenfassend lässt sich nach Kims Geschichte feststellen, dass vor allem die Unternehmen in der wirtschaftlich sehr starken IT-Branche gefordert sind, mehr Frauen einzustellen und dann auch dafür zu sorgen, dass diese sich dort auch wohlfühlen. Aber auch die Bildungspolitik muss nachziehen und Mädchen und Frauen technische Berufe näherbringen, damit bereits in der Schule für eine Geschlechtergleichheit gesorgt oder diese zumindest bedingungslos angestrebt wird.

1.4 NACH IHRER PFEIFE: SCHIEDSRICHTERIN FRANZI

Franzi ist 23 Jahre alt, kommt aus dem Kreis Ahrweiler in Rheinland-Pfalz und hat eine eher ungewöhnliche Leidenschaft: Seit mehr als zehn Jahren ist sie Fußballschiedsrichterin. In den vergangenen Jahren hat sie sich bis in die 6. Liga hochgepfiffen und leitet vor allem Fußballspiele im Herrenbereich. Aber auf ihrem Weg nach oben begegnet ihr Gegenwind – weil sie eine Frau ist. Franzi hat das Gefühl, dass ihre Fähigkeiten anders bewertet werden als die ihrer männlichen Kollegen.

Das eigentliche Problem sei gar nicht das Spiel an sich gewesen, sagt Franzi und blickt aufmerksam in die Webcam. Es ist das zweite Gespräch meiner digitalen Deutschlandreise. Schon eine Woche vor dem so wichtigen Derby in der Rheinlandliga ahnte Franzi, dass es zweitrangig sein könnte, wie gut sie die Begegnung der beiden Mannschaften pfeifen wird. Dass weniger ihre Kompetenz und jahrelange Erfahrung zählen wird, sondern ihr Geschlecht.

Es ist das erste, aber nicht das letzte Mal, dass in unserem Gespräch die gute Laune und das strahlend-fröhliche Lachen einer ernsteren Miene weichen. Als sie sich eine blonde Strähne aus dem Gesicht streicht, bemerke ich die Falten auf ihrer Stirn. Franzi wirkt nachdenklich. Sie räuspert sich und hält einen Moment inne, bevor sie vom Derby und der Zeit davor und danach erzählt. Wir sprechen sehr lange miteinander. Franzis Geschichte scheint nur so aus ihr herauszusprudeln. Im Gespräch ist sie reflektiert und betont mehrmals, dass sie niemanden an den Pranger stellen oder verurteilen will. Sie möchte auch nicht unbedingt eine Grundsatzdiskussion über »Frauen im Fußball« führen oder mit dem Finger auf andere zeigen, auch nicht auf ihren Verband oder dessen Funktionäre. Darum geht es ihr heute nicht. Trotzdem ist sie genervt. Sie habe das Gefühl, andere würden in ihr »eine Gefahr« sehen, weil sie es als Frau vielleicht weiter schaffen könnte als mancher Mann, erklärt sie mir. Klar ist, dass die Geschehnisse rund um das Derby vom Oktober sie immer noch beschäftigen. So sehr beschäftigen, dass sie mir im Januar nach meinem Aufruf auf Instagram eine ausführliche E-Mail schrieb. Sie wolle mir eine »kleine Geschichte erzählen, die vermutlich viele betrifft«. Und jetzt, einen Monat später, sitzen wir uns digital gegenüber. Ich in Berlin, das immer noch im Schneechaos zu versinken droht, und Franzi in ihrem Elternhaus im Rheinland. Und dann erzählt Franzi mir ihre »kleine Geschichte«.

In Franzis Leben gibt es eine große Leidenschaft: den Fußball. Seit ihrem 13. Lebensjahr ist sie Schiedsrichterin, pfeift vor allem Spiele von Herrenmannschaften. Die Liebe zum Fußball kam früh. Schuld daran war ihr Vater, erzählt sie, ein eingefleischter Fan des 1. FC Köln. Sie selbst hatte nie vor, aktiv zu spielen, aber der Fußball war in der Familie »schon immer wichtig und präsent«. Als kleines Mädchen begleitet sie ihren Vater gelegentlich zu Auswärtsspielen und teilt seine Begeisterung. Die knisternde Stimmung im Stadion, die mehr oder weniger gehaltvollen Expertengespräche in der Halbzeit, die großen und

kleinen Dramen, die sich auf dem Rasen und abseits davon ab-
spielen, das alles saugt sie auf wie ein Schwamm und verinner-
licht es. Eines Tages wird sie in der Schule von einer Klassen-
kameradin angesprochen, ob sie nicht Lust hätte, an einem
zweitägigen Schiedsrichterlehrgang teilzunehmen. An die Worte
ihrer Freundin erinnert sie sich heute noch: »Versuch es mal, wir
brauchen unbedingt noch andere Mädchen.« Franzi hat Lust.
Einige Jahre später ist aus dem anfänglichen Versuch ihr größ-
tes Hobby geworden. Ihr Vater ist immer mit dabei. Er unterstützt sie, fährt sie an Sonntagen zu den Sportplätzen der Region und gibt ihr Rückhalt, wenn bei Jugendspielen aufgeregte
Eltern am Spielfeldrand laut werden und ihre Entscheidungen
infrage stellen. Auf dem Platz und im Verband fühlt sich Franzi
wohl und beschreibt die Stimmung als sehr angenehm. Sie habe
kaum schlechte Erfahrungen gemacht, »da kann man ruhig mal
auf Holz klopfen«, sagt sie und klopft tatsächlich mit den Finger-
knöcheln kurz auf ihren Schreibtisch.

Drei Spiele in der Woche, das war in etwa ihr Pensum, erzählt sie. Je mehr Spiele sie pfeift, umso mehr sieht sie Möglichkeiten, im Ligasystem weiter nach oben zu kommen. Und sie
spürt, dass sie dabei den Rückenwind ihres Verbandes hat. »Da
hieß es dann öfter mal: ›Die erste Frau aus unserem Kreis in der
Bezirksliga‹«, das sei schon ein großartiges Gefühl gewesen.
Schließlich wird Franzi im Oktober 2020 für ein besonderes
Spiel angesetzt. Sie soll als Schiedsrichterin erstmals in der 6.
Liga pfeifen. Ihr erster Einsatz in der Rheinlandliga. Das Spiel
ist ein echtes Highlight und ihr bisheriger Karrierehöhepunkt.
Franzi ist aufgeregt und will alles richtig machen. Eine Woche
vor dem Spiel fährt sie in das Stadion, um den Platz zu begehen
und sich alles genau anzuschauen. Auf dem Kunstrasenplatz, auf
dem sie prüfend auf und ab läuft, werden ihr in einer Woche
500 Zuschauer:innen dabei zusehen, wie sie ein Fußballspiel lei-

tet. Dann wird es hier nach ihrer Pfeife laufen. Franzi ist aufgeregt und angespannt. Während der Platzbegehung trifft sie verschiedene Trainer und Funktionäre, die ebenfalls im Stadion sind, es findet gerade ein anderes Spiel statt. Franzi kommt mit ihnen ins Gespräch, schließlich kennt man sich schon seit Jahren. Aber dann wurde es seltsam, sagt sie und legt beim Erzählen wieder die Stirn in Falten. Die Menschen, die sie bereits mehrere Male haben pfeifen sehen, ihre Erfahrung und ihre Kompetenz also kennen, geben ihr plötzlich und ungefragt grundlegende Tipps. »Da kamen dann Sprüche wie: ›Da kann es dann aber auch mal zur Sache gehen‹, und: ›Da musst du dich durchsetzen und auch mal richtig durchgreifen‹«, erzählt sie. Tipps, die Franzi mit all ihrer Erfahrung nicht braucht und die sie im Gegenteil nachdenklich machen. Eigentlich ist doch allen hier ihre Kompetenz klar. Hätte ein »Viel Erfolg für nächste Woche« oder ein »Viel Glück, du machst das schon!«, ergänzt um einen aufmunternden Schulterklopfer nicht ausgereicht? Warum wird sie auf einmal wie eine blutige Anfängerin behandelt und kriegt sinnlose Ratschläge? Mit einem Sack voller Fragen fährt Franzi von der Platzbegehung heim. Sie weiß, dass das Spiel wichtig ist, aber wieso vertraut man ihr nicht einfach? Nur weil es nicht so oft vorkommt, dass solch ein wichtiges Spiel zur Abwechslung mal von einer Frau gepfiffen wird?

Der Spieltag rückt näher. Mit Franzis Vorfreude wachsen auch ihre Anspannung und Nervosität. Schließlich ist der große Tag da. Beobachtet von 500 Augenpaaren leitet sie ein intensives Fußballspiel mit zwei Gegnern, die sich nichts schenken. Franzi rennt das Spielfeld auf und ab, versucht bei Streitigkeiten zu schlichten, ermahnt und regelt, verteilt gelbe Karten und pfeift nach 90 Minuten ab. Das Spiel endet 0:2 für die Gastmannschaft. Franzi ist erschöpft, aber auch sehr glücklich und mit ihrer Leistung voll und ganz zufrieden. Auch die direkten Reaktionen nach dem Spiel waren alle sehr positiv und total gut, sagt sie: »Ich habe mich erst mal bestätigt gefühlt!«

Doch dann passiert es. Eine Woche nach dem Derby trifft sie eher zufällig einen der beiden Mannschaftstrainer vom vorigen Spieltag. Franzi fragt ihn nach seiner Einschätzung zur Spielleitung. Sie will sich kein Lob abholen, sondern an sich arbeiten. Sie will besser werden und zukünftig auch in höheren Ligen pfeifen, deshalb bittet sie ihn um ein analytisches Feedback. Der Trainer, der ihr gegenübersteht, schaut sie kurz an, dann wieder weg, dann wieder zu ihr. Franzi bleibt hartnäckig. Er zögert kurz und sagt dann: »Du hast das wirklich souverän gemacht. Wirklich super. Ich muss zugeben, am Anfang waren wir alle etwas skeptisch und waren uns nicht sicher, ob das eine sinnvolle Einsetzung für so ein Spiel ist.« Schweigen. Franzi ist verwirrt und bricht die unangenehme Stille. »Wieso jetzt?«, fragt sie. Der Trainer antwortet geradeheraus: »Weil du eine Frau bist. Bei so einem Spiel eine Frau – da hat man einfach seine Bedenken, ohne es böse zu meinen.« Franzi klappt die Kinnlade runter. Dazu fällt ihr jetzt auch nichts mehr ein. Wenn sie von diesem Moment erzählt, habe ich durch die Webcam das Gefühl, dass dieser Satz wirklich etwas mit ihr gemacht hat. Franzis Verärgerung darüber ist spürbar. Und ich kann das sehr gut nachvollziehen.

Denn Franzi ist nicht einfach »irgendeine Frau«, die ein Fußballspiel pfeift. Sie ist gut in dem, was sie tut. Seit Jahren schon. Die Statistik mag gegen sie sprechen (neben ihr pfeifen nur noch drei andere Frauen im Verband in höheren Ligen), aber seit sie ein Teenager ist, hat sie sich auf dem Platz durchgesetzt und ihr Können unter Beweis gestellt. Sie hat mit ihren Skills gepunktet, nicht mit ihrem Geschlecht. Bewertet wird aber ausschließlich Letzteres: »Weil du eine Frau bist«. Ein Satz, bei dem es einem kalt den Rücken runterläuft. Auch mir wird für einen Moment ganz anders. Am schlimmsten finde sie, dass der besagte Trainer ein paar Jahre älter als sie sei, erzählt sie. Er müsste es also eigentlich besser wissen. Trotzdem hat er diese Aussage, einfach so unvermittelt und ohne groß darüber nachzudenken, rausgehauen. Ihm sei wohl überhaupt nicht klar gewesen, was er da gesagt habe. Und unausgesprochen schwang mit: »Für eine Frau war deine Leistung ganz okay.« Wie bitte? Ein einziger Spruch tut ihre komplette Karriere einfach mal so ab. All ihre Einsätze als Schiedsrichterin, die absolvierten Lehrgänge, die vielen Trainingsstunden, die Feedback-Gespräche, die Weiterbildung, ihr Vater, der ihr den Rücken freihält, damit sie zu Spieleinsätzen fahren kann, das ist anscheinend auf einmal alles egal und unwichtig. Es zählt etwas ganz anderes.

»Das Geschlecht wird höher bewertet als die Erfahrungen«, meint Franzi und fragt sich, warum der Trainer nicht einfach gesagt hat: »Wir möchten für dieses Spiel jemanden mit mehr Erfahrung in dieser Klasse«, anstatt zu sagen: »Weil du eine Frau bist«. Das ist schon heftig.

Sie habe das Gefühl, die 6. Liga sei eine Schwelle. Bis hierhin und nicht weiter. Davor war der Verband stolz auf sie, sie war das Aushängeschild, »die Frau aus unseren Reihen«, aber irgendwann wird der Fußball professioneller, es geht um Zuschauer:innen, Geld und Einfluss. Ab da wird es für sie »als Frau« eben schwierig. Sie fühlt sich ungleich behandelt: »Alle Schiedsrichter und Schiedsrichterinnen in Deutschland müssen gewisse Rahmenparameter erfüllen: Regelkenntnis, Fitnesstests und Beobachtungen von Spielleitungen. Erfüllt man diese Parameter, qualifiziert man sich für den Aufstieg in höhere Ligen. Diese Parameter erfülle ich und trotzdem bekomme ich nicht das Vertrauen wie meine männlichen Kollegen.«

Ich fühle mit Franzi. Denn es liegt ja auf der Hand: Das Schiedsrichterin-Sein, die Spielleitung, das sonntägliche Abrackern auf einem nassen Rasenplatz – das ist ihre Leidenschaft.

Sie hat in einem Jahrzehnt Spielerfahrung gesammelt und durch ihre konstante Leistung überzeugt. Aber am Ende des Tages ist sie dann doch »nur eine Frau«. Mit dem entschuldigenden, aber dadurch erst recht entlarvenden Zusatz: »Ach so, ist aber nicht böse gemeint, ne?« Ja, wie denn sonst? Alles, was Franzi will, ist, dass ihr Können als Schiedsrichterin nach denselben Parametern beurteilt wird, wie es bei ihren männlichen Kollegen der Fall ist. Nicht mehr, aber auch nicht weniger. Und das sollte ja wohl möglich sein.

1.5 MARATHON WOMEN: FRAUEN IM SPORT

Als Fußballschiedsrichter*in* ist Franzi in ihrem Verband unterrepräsentiert. Das ist ein Problem für Franzi und für ihre (auch angehenden) Kolleginnen. Das sollte es aber auch für die Männer sein. Denn wer was auf dem Fußballplatz kann, hat nichts mit dem Geschlecht zu tun. Es ist noch gar nicht so lange her, da war die Kombination aus Frauen und Sport undenkbar. Nur am Herd stehen, statt auch an der Sportwelt teilzuhaben? »No way!«, riefen Frauenrechtlerinnen. Die Emanzipationsbestrebungen hatten Erfolg – und ab 1908 stieg der Anteil der Olympiateilnehmerinnen und der für Frauen zugelassenen Disziplinen stetig an.[32]

Bloß war es noch lange nicht so, dass Frauen einfach an Sportwettbewerben teilnehmen konnten. Nein, Frauen mussten sich ihren Zugang zum Sport im wahrsten Sinne des Wortes erkämpfen. 1966 lief Bobbi Gibb den Boston Marathon, jedoch ohne Startnummer, weil sie als Frau nicht zugelassen wurde. Ein Jahr später, 1967, startete auch die Läuferin Kathrine Switzer beim Boston Marathon.[33] Mit einer Startnummer, allerdings auch mit einer »Tarnung«: Um nicht sofort als Frau identifiziert zu werden, meldete sie sich als »K. V. Switzer«, den Initialen ihrer beiden Vornamen. Ein spektakuläres Foto zeigt, wie der Renndirektor sie auf der Strecke festzuhalten versuchte, um ihr die Startnummer zu entreißen – ohne Erfolg. Noch heute startet sie bei Marathonläufen und schrieb über ihren Kampf ein Buch: »Marathon Woman«. Doch auch wenn es heute völlig normal ist, dass Athletinnen ganz selbstverständlich in allen sportlichen Wettbewerben an den Start gehen, sind sie in vielen Bereichen den Männern nicht gleichgestellt.

In aller Deutlichkeit zeigt sich die nicht vorhandene Gleichstellung, wenn wir uns einmal anschauen, was Frauen, die professionell Sport betreiben, eigentlich verdienen. Gehen wir vom Sport unserer Schiedsrichterin Franzi aus und werfen mal einen Blick auf den Fußball, denn hier wird der Gehaltsunterschied am deutlichsten. So verdiente 2020 ein Profi in der Bundesliga ungefähr 1,4 Millionen Euro im Jahr, eine Bundesligaspielerin dagegen nur 12.000 Euro.[34] Absurd, nicht wahr? Genauso das folgende Beispiel: Wären die deutschen Frauen 2017 Europameisterinnen geworden, hätte der Deutsche Fußball-Bund jeder Spielerin eine Prämie von 37.500 Euro gezahlt. Die Männer hingegen hätten für den Gewinn der EM 2016 pro Kopf 300.000 Euro eingestrichen – das Achtfache! Diese Ungleichbehandlung über Bezahlung ist im Fußball zwar superkrass ausgeprägt, aber findet nicht nur dort statt: Der allgemeine Lohnunterschied zwischen Männern und Frauen im Sport liegt laut Statistischem Bundesamt in Deutschland bei 21 Prozent und liegt damit höher als der allgemeine Verdienstunterschied von 18 Prozent, der uns schon vorhin begegnet ist.

Wo gerade vom Deutschen Fußball-Bund nichts getan wird, um diesen Missstand auszumerzen, wird in den USA das Thema Lohnunterschied kontrovers debattiert. Im Jahr 2016 reichten fünf Spielerinnen der amerikanischen Fußballnationalmannschaft eine Beschwerde bei der US-Gleichstellungsbehörde ein, weil sie von ihrem Verband trotz größerer Erfolge als das Männerteam 45 Prozent weniger Prämie für einen Sieg erhielten. Ein Jahr später handelten die Spielerinnen mit dem Verband einen neuen Vertrag aus, der sie den Männern gleichgestellt hat. Die Fußballerinnen in den USA gelten seither als ein Vorbild für andere Athletinnen. Auch die Frauen-Eishockeynationalmannschaft des Landes ließ sich von den Erfolgen der Fußballerinnen ermutigen und erstritt von ihrem Verband ebenfalls eine bessere Vergütung. Richten wir den Blick wieder auf Europa, genauer auf Norwegen, so sehen wir, dass der dortige Fußballverband schon im Jahr 2018 beschloss, dass Fußballerinnen und Fußballer das gleiche Gehalt bekommen sollten. Es geht also auch anders.

Das Thema Frauen im Sport und explizit im Fußball erreichte mich kürzlich noch mal ganz persönlich: Katja Kraus, eine ehemalige deutsche Fußballtorhüterin, leitete mir eine E-Mail weiter. Katja war im Jahr 2020 Teil der #ichwill-Kampagne. In dieser Initiative ging es darum, die Bundesregierung aufzufordern, endlich die Frauenquote für Vorstandsposten in Unternehmen umzusetzen. Seit der #ichwill-Kampagne, an der ich mich auch beteiligte, stehen wir in unserem Netzwerk in regelmäßigem Austausch. Angehängt an ihre E-Mail war ein ausformuliertes Forderungspapier für mehr Frauen im Fußball, das sie im Mai 2021 in einem Interview mit der Wochenzeitung Die Zeit in Teilen vorstellte. Hierin heißt es unter anderem:

»Noch immer sind mehr als 90 % der Entscheidungspositionen in deutschen Verbänden und Clubs mit Männern besetzt. Die Vielfalt der Spieler*innen auf dem Platz und bei den Menschen, die sich für den Fußball begeistern, spiegelt sich nicht in seinen Führungsgremien wider. Der wirtschaftliche und kulturelle Nutzen gemischtgeschlechtlicher Teams ist in der

Arbeitswelt hinlänglich nachgewiesen. Zudem hat der Fußball als gesellschaftlicher Impulsgeber die Aufgabe, seiner sozialen Verantwortung gerecht zu werden und in bedeutenden gesellschaftlichen Fragen eine Vorreiterrolle zu übernehmen. Doch anders als in der Wirtschaft, in der Politik oder in nahezu allen anderen Institutionen, wird das Fehlen von Frauen in Führungspositionen im Fußball kaum thematisiert, noch werden stereotype Personalentscheidungen infrage gestellt.«

Und weiter:

»Es gibt viele Frauen, die die Kompetenz, die Erfahrung und die Integrität mitbringen, um Führungspositionen zu übernehmen. Viele von ihnen sind schon längst da, sie brauchen gezielte Förderung und vor allem Chancengleichheit. Gegenwärtig sehen sich 50 % der im Sport beschäftigten Frauen aufgrund ihres Geschlechtes auf dem Karriereweg benachteiligt (Studie Equal Play 2019). Das ist ein verheerender Zustand, den es unmittelbar zu verändern gilt.«

Dieses Forderungspapier zeigt noch einmal in aller Deutlichkeit, dass Frauen, die aus dem Leistungssport kommen und bereits als Funktionärinnen oder in ähnlichen Positionen arbeiten, sich also im Sinne unserer Leistungsgesellschaft bereits bewiesen haben, immer noch laut sein müssen, um gehört zu werden. Im Jahr 2021 ein unzumutbarer Zustand!

Fest steht: Es setzen sich in klassischen »Männersportarten« nur sehr selten Frauen durch. Ein viel zitiertes Beispiel dafür, dass es doch möglich ist, ist die ehemalige Schiedsrichterin Bibiana Steinhaus, die in ihrer aktiven Zeit bis 2020 in der Fußball-Bundesliga der Männer eingesetzt wurde. Aber sie ist eine klare Ausnahme von der Regel. Und auf den Einzelfall hinzuweisen und zu sagen: »Da haben wir eine«, reicht eben nicht aus. Und meine Gesprächspartnerin Franzi, ein weiterer Einzelfall, will und sollte nach ihrer Leistung bewertet werden – und nicht nach ihrem Geschlecht. Übrigens: Im Jahr 2021 durfte in Israel die Schiedsrichterin Sapir Berman als erste Transfrau ein Spiel in der ersten Liga pfeifen.[35] Die Meldung verbreitete sich in der ganzen Welt, und natürlich ist das eine gute Sache, aber wäre es nicht viel besser, in einer Welt zu leben, in der so etwas »normal« ist und keine Meldung mehr wert?

Trotz aller Bemühungen und Fortschritte werden Frauen im Sport statt auf ihre Leistung noch immer viel zu oft auf ihr Geschlecht reduziert. Hier könnten beispielsweise mehr Frauen in Führungspositionen dazu beitragen, dass von einer Fokussierung auf das Geschlecht abgerückt wird. Und mehr Frauen in der Sportberichterstattung könnten verhindern, dass immer weiter gängige Klischees reproduziert werden. Denn der journalistische Blick auf weibliche Athletinnen ist in der Regel zuallererst ein männlicher. Auch die Werbung und Sponsoren im Profisport bedienen sich in ihren Kampagnen gerne sexistischer Sprüche. So bewarb 2018 der Landkreis Schmalkalden-Meiningen seine Internetadresse »prachtregion.de« beim Volleyball-Bundesligisten VfB Suhl. Gedruckt war der Schriftzug quer über die Hose auf den Hintern der Spielerinnen. Bei der größten Radrundfahrt der Welt, der Tour de France, waren noch bis 2020 »Podium Girls« eingesetzt, die den Gewinnern einer Tagesetappe links und rechts ein Küsschen auf die Wange gaben. Hier muss die Frage erlaubt sein: Welches Rollenbild von Frauen wird hier präsentiert, wenn unter den Blicken von hunderttausend Fernsehzuschauer:innen zwei Frauen zu sehen sind, die dem Etappensieger eine intime Zärtlichkeit schenken (müssen)?

Was können wir also tun? Ich glaube, dass zum einen Verbände und Ligen gefordert sind, für eine Verbesserung der Bedingungen im Sport zu sorgen. Es geht darum, die Organisationskultur grundlegend zu verändern. Es müssen viel mehr Frauen in Führungspositionen gebracht werden. Sexismus muss mit aller Härte bekämpft werden. Diesen Weg müssen wir alle gemeinsam gehen. Denn es fängt schon im Kleinen an: Jeder Verein und jede:r Sportlehrer:in sollte junge Mädchen gleichberechtigt und vor allem vorurteilsfrei am Sport teilhaben lassen. Es sollte keine Sprüche mehr wie »Du wirfst ja wie ein Mädchen« geben. Aber eben auch kein »Sei ein echter Kerl, und schieß den Ball mit Schmackes«. Wir müssen weg von dem altertümlichen Gedanken, dass es so was wie traditionelle Männer- oder Frauensportarten gibt. Wir brauchen mehr Sensibilität, die uns dabei hilft, Vorurteile abzubauen. Franzi ist keine gute Schiedsrichterin »für eine Frau«. Sie ist eine gute Schiedsrichterin. Und eine Frau.

2. THEMENKOMPLEX:

DIE KLIMAKRISE

Im Mittelpunkt der Geschichten von Franzi und Kim stehen Probleme, die recht offensichtlich sind. Wenn nicht auf den ersten, dann auf den zweiten Blick. Die Ungerechtigkeiten, die ihnen als Frauen alltäglich widerfahren, ob bei der Arbeit oder in der Freizeit, sind äußerst unschön, aber – und das ist als positiv herauszustellen – sie sind lösbar. Wenn wir es gemeinsam schaffen, die Gesellschaft von innen heraus zu verändern, wie es großartige und starke feministische Persönlichkeiten in der Vergangenheit bereits getan haben, ist eine Welt mit weniger Ungleichheit möglich.

Bei dem zweiten Themenkomplex ist das nicht ganz so einfach. Denn bei der Klimakrise sind nicht nur wir als Gesellschaft gefragt. Hier stehen wir vor einer Herausforderung von globalem Ausmaß. Es geht um unsere Existenz, die Existenz aller bekannten Arten von Lebewesen und es geht um die Zukunft aller nach uns folgenden Generationen. Mit »nicht ganz so einfach« meine ich, dass es echt schwierig ist, den meisten Menschen das Ausmaß der Klimakrise näherzubringen. Wir sehen in den Fernsehnachrichten Gletscher schmelzen. Wir lesen von Waldbränden in Australien und Kalifornien. Wir erleben Hitzewellen

und Starkregen direkt vor unserer Haustür. Und Wissenschaft-
ler:innen warnen fast täglich davor, dass durch den menschengemachten Klimawandel die Abstände von Extremwetterereig-
nissen immer kürzer werden. Der Klimawandel und dessen
physikalischen Vorgänge sind abstrakt und gar nicht so einfach zu verstehen. Das möchte ich auf den kommenden Seiten
ändern. Wir dürfen das Ausmaß der Klimakrise nicht erst begreifen, wenn wir selbst davon betroffen sind. Wir müssen verstehen, was Tausende Wissenschaftler:innen uns schon seit Jahren versuchen eindringlich klarzumachen: Unsere Erde ist in
ernsthafter Gefahr und deswegen müssen wir dringend handeln.

Kaum ein Thema wird so emotional diskutiert wie die Klimakrise. Immer wieder werde ich im Internet mit einer »Moral-
debatte« konfrontiert. Ob ich mich auf eine Fridays-for-Future-
Demo stellen dürfe, wenn ich gleichzeitig noch Auto fahre. Oder
ob es nicht die reinste Doppelmoral sei, wenn ich eine Avocado
esse und gleichzeitig den Planeten retten will. Dabei sind es in
erster Linie nicht wir Bürger:innen, die zur Verantwortung gezogen werden müssen. Die Klimakrise ist die fundamentalste
Herausforderung unserer Zeit und ein Thema, bei dem die Politik außerordentlich gefordert ist und verantwortungsbewusst
handeln muss. Erst Ende April 2021 entschied das Bundesverfassungsgericht in Karlsruhe, dass das 2019 vom Bundestag
beschlossene Klimaschutzgesetz in Teilen gegen das Grundgesetz
verstößt.[1] Eine Entscheidung mit einer wichtigen Signalwirkung!
Gegen das aktuelle Klimaschutzgesetz hatten mehrere Umwelt-
organisationen wie der Bund für Umwelt und Naturschutz
Deutschland (BUND), Fridays for Future, die Deutsche Umwelt-
hilfe und Greenpeace geklagt.

Das deutsche Klimaschutzgesetz von 2019 verpflichtete Deutschland, die Treibhausgas-Emissionen bis zum Jahr 2030 um 55 Pro-

zent gegenüber 1990 zu mindern und legte dazu bestimmte Emissionsmengen pro Jahr fest. In dem Gesetz stand außerdem das politische Bekenntnis, das Ziel der Treibhausgasneutralität bis zum Jahr 2050 zu verfolgen. Aber – und jetzt kommt ein großes Aber – das Gesetz enthielt keine konkreten Pläne über das Jahr 2030 hinaus. Die Bewältigung der Klimakrise wurde also von den verantwortlichen Politiker:innen einfach nur nach hinten verschoben. Ganz nach dem Motto: »Nach uns die Sintflut«. Meine jüngeren Geschwister und vielleicht mal deren Kinder werden sich bedanken. Das Bundesverfassungsgericht stellte fest, dass das Gesetz so, wie es jetzt ist, die Freiheitsrechte einer jüngeren Generation einschränkt. Das Urteil ist ein Weckruf mit drei Ausrufezeichen an die Politik. Denn wir tragen eine Verantwortung gegenüber allen nach uns folgenden Generationen.

Die Karlsruher Entscheidung zeigt ganz eindeutig: Individuelle Freiheit und Klimaschutz hängen eng miteinander zusammen. Wir müssen die Erderwärmung stoppen, um unsere Freiheit zu behalten. Nach dem Urteil des Bundesverfassungsgerichts stand der Klimaschutz plötzlich wieder auf allen politischen Bühnen. Ziemlich sicher auch nicht ohne Grund, denn fast alle Parteien haben verstanden, dass eine zielführende Klimapolitik immer mehr Bürger:innen wichtig ist. Die Reaktionen auf das Urteil fielen durchaus positiv aus. Der Geschäftsführer von Greenpeace Deutschland, Martin Kaiser, sagte, das Urteil zeige klar, dass der Kohleausstieg in Deutschland deutlich vorgezogen werden müsse, dass klimaschädliche Verbrennungsmotoren viel schneller von der Straße müssten und wir eine Landwirtschaft bräuchten, die Klima und Natur nicht weiter schädigt, sondern künftig auch schützt.[2]

Auch Luisa Neubauer von Fridays for Future schrieb auf Twitter: »Klimaschutz ist nicht nice-to-have, Klimaschutz ist unser Grundrecht«[3]. Politiker:innen fast aller Parteien begrüßten das

Urteil. Wirtschaftsminister Peter Altmaier twitterte: »Es ist epochal
für Klimaschutz und Rechte der jungen Menschen.«[4] Minister-
präsident Armin Laschet, in dessen Bundesland Nordrhein-Westfalen 30 Prozent des deutschen Kohlendioxids (CO_2) anfallen, ließ
verlauten, dass das Urteil einen »historischen Moment« markiere.
Nachhaltigkeit und Klimaschutz seien Pflicht jeglicher Politik
gegenüber den Bürger:innen von morgen. »Ambition, Aufbruch
und Anstrengung – das muss uns beim Klimaschutz leiten.«[5]

Schön wäre es allerdings, wenn die verantwortlichen Politi-
ker:innen nicht nur nette Pressestatements in den sozialen Medien veröffentlichen würden, sondern ich das Gefühl haben
könnte, dass sie den Ernst der Lage verstanden haben. Das Urteil
aus Karlsruhe wird hoffentlich in der deutschen Klimapolitik
wegweisend für die nächsten Jahre sein. Denn die Herausforderungen, die uns in den kommenden Jahren erwarten, werden nicht leichter.

Aber: Warum sprechen wir eigentlich von einer »Klimakrise« und nicht einfach von einem »Klimawandel«? Und was
bezeichnet die Klimakrise genau? In den Medien lesen wir oft
von sehr konkreten Plänen, Verträgen und Abkommen, über
die debattiert wird. Aber was ist die Klimakrise im Kern? Das
will ich in diesem Kapitel beantworten. Nach einer kurzen Einführung in das Thema mache ich im nächsten Abschnitt auf ein
aktuelles Problem aufmerksam, das Teil des großen Problem-
komplexes namens Klimakrise ist. Die wohlgemerkt direkt vor
unserer Haustür stattfindet. Hierfür hat sich mein Co-Autor Nils
Frenzel, der mir bei den Faktenchecks für dieses Buch geholfen
hat, mit Doro aus Berverath getroffen, einem kleinen Dorf im
Landkreis Erkelenz, das umgesiedelt werden soll. Wenn das, was
Doro erzählt, Realität wird, muss sie ihre Heimat wegen der Förderung eines fossilen Rohstoffs verlassen, der nachweislich ein
absoluter Klimakiller ist: Braunkohle.

In Doros Geschichte steckt die ganze Tragik der Klima-
debatte. Denn bereits seit Jahren wissen wir, welche Nachteile
fossile Brennstoffe mit sich bringen. Wenn wir nicht handeln,
wird die Welt bald anders aussehen als jetzt – und zwar nicht
besser. Wir brauchen die Energiewende – jetzt! Was heißt das?
Ganz einfach: Weg von fossilen Brennstoffen wie Kohle und Erdgas hin zu erneuerbaren Energien, die die Kraft von Wind, Sonne
oder Wasser in Strom umwandeln.

Wir wissen schon seit Jahren – und damit meine ich vor
allem zig Wissenschaftler:innen –, was wir verändern können
und müssen. Trotzdem passiert viel zu wenig bis gar nichts. Es
ist ein Problem, ja ein großer Widerspruch der Politik, dass die
beiden Geschichten, die Geschichte von Doro und dem rheini-
schen Braunkohle-Abbau in Deutschland im Jahr 2021 und die
Geschichte vom Pariser Klimaabkommen und der Einhaltung
des 1,5-Grad-Zieles parallel existieren. Es ist ein Problem, dass
einerseits versucht wird, Geld in den Klimaschutz zu stecken, engagierte Bürger:innen darauf achten, ihr Leben so weit wie möglich nachhaltiger und umweltbewusster zu gestalten, und auf der
anderen Seite direkt vor unserer Haustür nach wie vor Braunkohle gefördert wird.

2.1 WAS IST DIE KLIMAKRISE?

Ich beschreibe, was gerade weltweit passiert – also Hitzewellen
mit Dürren, Waldbrände, Wasserknappheit, Artensterben,
Hochwasser oder die Unbewohnbarkeit ganzer Landstriche, die
dazu führt, dass viele Menschen aus ihrem Heimatland flüchten
müssen – nicht als Klimawandel. Das klingt für mich zu harm-
los und nach etwas Normalem. Es ist aber nicht normal. Deswegen schreibe ich Klimakrise. Warum? Der Begriff »Krise« ver-

deutlicht die Gefahr der weltweiten Erderwärmung und macht gleichzeitig klar, dass diese schon mitten unter uns angekommen ist. Heißt: Wir bekommen ihre ökologischen und gesellschaftlichen Auswirkungen jetzt schon zu spüren. Und das macht mir Angst.

Sprache, das haben wir schon in der Geschichte von dem vermeintlichen Chirurgen, der tatsächlich eine Chirurgin ist, gesehen, formt unsere Realität. Deshalb benenne ich die Erderwärmung als das, was sie ist: eine reale, existenzbedrohende Krise. Und nicht einfach nur ein »Wandel«, der sich natürlicherweise vollzieht. Aber was hat es überhaupt mit der globalen Erderwärmung auf sich?

Als globale Erderwärmung bezeichnet man den Anstieg der Durchschnittstemperatur der Atmosphäre und der Meere. Zuständig für die Erderwärmung ist der sogenannte Treibhauseffekt – ein Begriff, von dem wir alle bestimmt schon mal gehört haben. Auf der Erde gibt es einen natürlichen Treibhauseffekt. Der ist an sich nicht schlimm – sondern total gut. Er sorgt nämlich dafür, dass wir auf der Erde überhaupt leben können. Ohne ihn würde die Temperatur bei −18 und nicht bei durchschnittlich +15 Grad liegen – krasse 33 Grad Temperaturunterschied also.[6] Wie funktioniert der Treibhauseffekt? Die Sonne schickt Strahlen auf die Erde. Diese erwärmen den Planeten. Ein Teil dieser Sonnenstrahlen wird dann zurück in die Atmosphäre geschickt – also reflektiert. Das ist eine Luftschicht, die aus Gasen besteht. Eines dieser Gase ist Kohlendioxid – kurz CO_2 genannt. Die Erdatmosphäre lässt nicht alle Strahlen ins Weltall durch und schickt einen Teil wieder zurück. Es kommt zu einem Wärmestau, der für eine höhere Durchschnittstemperatur bei uns auf der Erde sorgt. So weit, so gut, jetzt kommt aber das Problem: Denn seit Beginn der Industrialisierung (in der ersten Hälfte des

19. Jahrhunderts) ist die Konzentration von Treibhausgasen in der Atmosphäre drastisch gestiegen, was zur Folge hat, dass weniger Sonnenstrahlen die dicke Luftschicht passieren können. Eben seit wir angefangen haben, fossile Rohstoffe wie Kohle, Gas und Erdöl in riesigen Mengen für die industrielle Nutzung zu verbrennen. Dadurch wurde der natürliche Treibhauseffekt unnatürlich, also durch uns Menschen, verstärkt und das Klima immer weiter angeheizt.[7]

Apropos Klimaerwärmung. Die Geschwindigkeit, mit der die Durchschnittstemperatur auf der Erde zunimmt, entwickelt sich zu einem echten Problem für uns. Beim Übergang von der letzten Eiszeit in eine Zwischeneiszeit erhitzte sich die Erde innerhalb von ca. 10.000 Jahren um 4 bis 5 Grad. Bei einer Fortsetzung der jetzigen, menschengemachten Erderwärmung würde die Temperatur, wenn wir nichts gegen den weiteren Ausstoß von Treibhausgasen unternehmen, ebenfalls um 4 bis 5 Grad steigen – allerdings innerhalb von 100 Jahren![8] Was passieren wird, wenn vor allem die Politik nicht gegensteuert, können Forscher:innen bereits heute berechnen: Das Zusammenbrechen ganzer Ökosysteme, Extremwetterereignisse wie Hochwasser und Dürren, massives Artensterben und letztendlich auch die millionenfache Flucht von Menschen aus ihren unbewohnbaren Ländern stehen uns allen bevor.[9]

Die Flucht von Menschen? Ganz genau. Bereits 2009 prognostizierte der damalige Flüchtlingskommissar der Vereinten Nationen António Guterres, dass die Klimakrise den Wettstreit um die Ressourcen Wasser, Nahrungsmittel und Ackerflächen verstärkt und Menschen daher ihre Heimat verlassen müssen.[10] Die Wahrscheinlichkeit, aufgrund solcher klimatisch bedingten Umstände heimatlos zu werden, ist heutzutage doppelt so hoch wie noch im Jahr 1970. Besonders im Globalen Süden sind die Menschen wegen des zunehmend extremen

Wetters gezwungen, andernorts Schutz zu suchen und sich ein neues Leben aufzubauen. Wissenschaftler:innen sind sich einig, dass Klimarisiken auch in Zukunft dazu beitragen werden, dass immer mehr Menschen ihre Heimat verlassen müssen. Nicht nur Extremwetterereignisse werden mehr. Auch die Zahl der Naturkatastrophen hat sich in den letzten 20 Jahren fast verdoppelt. Für diese enorme Zunahme sehen Expert:innen die Ursache vor allem in dem menschengemachten Klimawandel.[11] Der Kampf gegen die Klimakrise ist der fundamentalste Kampf unserer Zeit. Und er muss von allen Staaten der Erde gemeinsam geführt werden.

Es gibt einen Zusammenhang zwischen dem Anstieg der Konzentration von Treibhausgasen und dem Anstieg der Durchschnittstemperatur. Und der ist auf der ganzen Welt messbar. Machen wir einen Gegencheck der gemessenen Werte mit denen vor Beginn der Industrialisierung, ist die weltweite Durchschnittstemperatur um etwa 1 Grad gestiegen. Mit Stand aus dem Jahr 2019 waren die Jahre 2015, 2016, 2017 und 2018 die vier heißesten Jahre seit Beginn der Wetteraufzeichnungen. Und auch die weltweit heißesten 20 Jahre, die je gemessen wurden, lagen alle innerhalb der letzten 22 Jahre.[12] Ich finde es bei so vielen messbaren Ergebnissen und Erhebungen schon ziemlich schwierig, berechtigte Zweifel daran zu haben, dass wir ein ernsthaftes, globales Problem haben, welches vor allem durch den Menschen und durch die Verbrennung fossiler Brennstoffe entstanden ist.

Und wenn mir eines in all den Corona-Debatten der vergangenen Monate noch mal bewusst geworden ist, dann, dass Wissenschaftler:innen und Expert:innen zwar zugehört wird, aber ihre Vorschläge oft nicht in dem von ihnen geforderten Umfang umgesetzt werden. Es ist ein Problem, wenn Politiker:innen den wissenschaftlichen Konsens vieler Expert:innen ignorieren

und lieber an die Umfragewerte der eigenen Partei und ihre
Wiederwahl denken.

2.2 DAS ABKOMMEN VON PARIS UND DAS 1,5-GRAD-ZIEL

Die wichtigste Strategie im Kampf gegen den Klimawandel ist
es, den Emissionsausstoß von Treibhausgasen zu verringern und
somit den globalen Temperaturanstieg zu begrenzen. So ver-
ständigte sich die internationale Staatengemeinschaft im Jahr
2015 auf eine verbindliche internationale Klimaschutzüberein-
kunft: das Abkommen von Paris. Darin verpflichteten sich 196
Staaten, die Erhitzung unseres Planeten, gerechnet vom Beginn
der Industrialisierung um 1850 bis zum Jahr 2100, auf 1,5 Grad
Celsius zu begrenzen und entsprechende Klimaschutzmaß-
nahmen umzusetzen.[13] Die Einhaltung dieses Ziels (oft einfach »1,5-Grad-Ziel« genannt) ist deshalb so bedeutend, weil
bereits ab einer Erhitzung um nur ein halbes Grad mehr Ex-
pert:innen katastrophale Folgen für die Erde und unsere Ökosysteme befürchten. Die heutigen wissenschaftlichen Rechen-
modelle sind sehr exakt und können die unterschiedlichen
Folgen bei einer Erhitzung von 1,5 Grad oder 2,0 Grad für unseren Planeten so genau wie noch nie berechnen. Das Pariser
Abkommen soll auch die internationale Solidarität im Kampf
gegen die Klimakrise zeigen. So veranlasste US-Präsident Joe
Biden an seinem ersten Arbeitstag, dem 20. Januar 2021, glücklicherweise den erneuten Beitritt seines Landes zu dem Abkommen. Sein Vorgänger Donald Trump hatte den Austritt der
USA wenige Monate vorher vollzogen. Wie fast alle Staaten der
Erde hat auch Deutschland das Abkommen direkt im Jahr 2015
unterschrieben.[14]

Die Einhaltung des 1,5-Grad-Ziels ist so fundamental wichtig, weil bei einer Überschreitung einer höheren Temperatur zentrale Elemente unseres Klimasystems aus dem Gleichgewicht geraten. Wenn dies geschieht, wenn also diese Elemente, die durch menschliche Einflüsse verändert werden, kippen, dann werden die Auswirkungen auf das Weltklima verheerend und unumkehrbar sein. Mit jeder weiteren Temperaturzunahme (die wir jetzt noch beschränken können) steigt die Gefahr, dass es zu einer Kettenreaktion kommt.[15] Ist eine Kettenreaktion erst einmal ausgelöst, wird also ein Stein ins Rollen gebracht, der einen anderen Stein ins Rollen bringt. Und dann helfen uns unsere ganzen Klimaschutzbemühungen nicht mehr weiter.

Das Potsdam-Institut für Klimafolgenforschung hat einige Kipp-Elemente oder Kipp-Punkte im Erd-Klimasystem identifiziert, zunächst neun, im Verlauf der Forschung kamen weitere dazu. Diese Kipp-Punkte haben das Potenzial, dass sich die Klimaerhitzung verselbstständigt. Ich kann sie hier nur stichwortartig vorstellen, weil die Ausführungen den Rahmen dieses Buches sprengen würden. Ich möchte euch aber dazu anregen, einfach mal einen dieser Kipp-Punkte in eine beliebige Suchmaschine (z. B. Ecosia) einzugeben und etwas über die Folgen seines Kippens nachzulesen. Ihr werdet eure Umwelt mit anderen Augen sehen![16]

Klimatische Kipp-Punkte sind:
- Das Schmelzen des Meereises in der Arktis
- Das Schmelzen des Grönländischen Eisschildes
- Die Instabilität des Westantarktischen Eisschildes
- Die Störung der ozeanischen Zirkulation im Nordatlantik, die unser europäisches Klima reguliert
- Die zyklisch veränderten Meeresströmungen im äquatorialen Pazifik
- Die Störung des indischen Monsunregimes

- Die Instabilität der Sahel-Zone in Afrika
- Die Austrocknung und der Kollaps des Amazonas-Regenwaldes
- Der Kollaps der borealen Wälder (zu der boreale Zone gehören z. B. große Teile von Alaska, Kanada, Norwegen, Sibirien)
- Das Auftauen des Permafrostbodens und in der Folge die Freisetzung von Methan und Kohlendioxid
- Das Schmelzen der Gletscher im Himalaja
- Die Versauerung der Ozeane und die Abnahme ihrer Aufnahmekapazität für Kohlendioxid
- Die Freisetzung von Methan aus Meeresböden

Es gibt noch weitere Kipp-Punkte, etwa das Absterben von Korallenriffen (dazu später mehr im Interview mit dem Meeresbiologen Robert Marc Lehmann). Im Hinblick auf die Kipp-Elemente schrieb der Klimaforscher Stefan Rahmstorf vom Potsdam-Institut für Klimafolgenforschung: »Das Klimasystem ist kein träges und gutmütiges Faultier, sondern kann sehr abrupt und heftig reagieren.«[17] Diese Aussage müssen wir im Hinterkopf behalten – denn mit weiter steigender Temperatur steigt auch das Risiko eines Kippens immer weiter an. Selbst wenn es uns gelingt, die Zielsetzung des Pariser Klimaschutzabkommens einzuhalten, kann bei einigen Kipp-Elementen die kritische Schwelle trotzdem erreicht werden.

Doch bevor es darum gehen wird, wie wir der Klimakrise energisch entgegentreten können, möchte ich euch die Geschichte von Doro vorstellen. Doro soll ihre Heimat wegen eines Brennstoffs verlassen, der den globalen Temperaturanstieg und damit die Klimakrise wie kein zweiter begünstigt – und der immer noch direkt vor unserer Haustür abgebaut wird: Braunkohle.

2.3 DAS LETZTE DORF.
DER GARZWEILER TAGEBAU UND
DIE UMSIEDLUNG VON BERVERATH

In Deutschland wird auch im Jahr 2021 noch Braunkohle gefördert. Neben dem bekannten Tagebau am Hambacher Forst
ist auch der Garzweiler Tagebau in der Nähe von Erkelenz noch
aktiv. Das hat Folgen für die Natur und das Klima – aber eben
auch für die Menschen, die bereits seit Generationen in den umliegenden Dörfern leben. Sie sollen dem Tagebau weichen, obwohl der langfristige Ausstieg aus der Braunkohle beschlossene
Sache ist. Ich meine, stellt euch mal vor, euer Dorf, in dem ihr
eure Kindheit verbracht habt und aufgewachsen seid, wird platt-
gemacht und ihr müsst einen neuen Wohnort finden. Ein un-
gewollter Neuanfang. Und das für den Abbau von Braunkohle!
Da ich mich zu dem Zeitpunkt in Corona-Quarantäne befand,
war mein Co-Autor Nils zu Besuch in einem Dorf, das es in weniger als zehn Jahren nicht mehr geben soll.

Der Blick in den Abgrund ist für Doro auch immer ein Blick
in die Zukunft. »Borschemich, Holz, Otzenrath, Spenrath.« Sie
hebt den rechten Zeigefinger und trägt die Namen der bereits
abgetragenen Dörfer vor. Eine Brise wirbelt Staub auf. Sie wischt
sich ockerfarbenen feinen Sand von den Gläsern ihrer Sonnen-
brille. Ein riesiger Schaufelradbagger ragt wie ein stählernes
Piratenschiff aus einem öden Wüstenmeer empor. Ein dump-
fes Brummen setzt ein. Der Bagger, der in etwa zweihundert
Metern Tiefe auf der untersten Ebene der Grube steht, fängt an
zu arbeiten. Neben Doros schwarzem Volvo parkt ein grauer
Campingbus. Doro schüttelt den Kopf. »Ich frage mich wirk-

lich, was die Leute hier wollen«, sagt sie. Dann steigt sie in ihr Auto und verlässt die Aussichtsplattform des Tagebaus Garzweiler II.

Was für andere Menschen ein Tagesausflugsort ist, ist für Doro ein Ausblick auf das, was ihrem Heimatdorf Berverath bevorsteht. Das kleine Dorf bei Erkelenz liegt etwa 15 Kilometer südwestlich von Mönchengladbach und ist von der Aussichtsplattform in wenigen Minuten erreichbar. Hier lebt sie mit ihren beiden Kindern. Ihre Mutter wohnt nebenan. Berverath ist ein »Einstraßendorf«, lediglich eine einzige Straße führt hindurch. Abseits der überörtlichen Verkehrswege liegend, wurde das Dorf im Jahr 1377 das erste Mal urkundlich erwähnt. Es gibt eine kleine Kapelle hier im Ort, die zwischen 1909 und 1912 errichtet wurde und heute unter Denkmalschutz steht. *Noch* steht sie unter Denkmalschutz, muss es richtigerweise heißen, denn die Zukunft des Dorfes ist ungewiss. Und was nützt einem der Denkmalschutz eines einzelnen Gebäudes, wenn das gesamte Dorf in einigen Jahren vielleicht nicht mehr existiert?

Denn nach den Plänen des Energiekonzerns RWE soll Berverath dem Braunkohleabbau weichen. Der Schaufelradbagger soll das Dorf im Jahr 2028 erreicht haben. Berverath besitzt seit 2016 einen »Umsiedlungsstatus«. Der Konzern kümmert sich mit darum, dass die Dorfbewohner:innen umgesiedelt werden. Geht es nach RWE, dann wird ihre zukünftige Heimat das neu errichtete Neu-Berverath, das wenige Kilometer bei Erkelenz liegt. Doro erzählt, dass bis zum heutigen Tag noch niemand nach Neu-Berverath umgezogen ist. Auch für sich selbst stellt sie fest, dass ein solcher Umzug keine Option darstellt. Ein einziges Mal war sie bisher in Neu-Berverath, um Flyer gegen die Zerstörung von Berverath zu verteilen. Das habe ihr gereicht, sagt sie. Das künstliche Dorf, es kann für sie keine neue Heimat werden. Wenn der Bagger kommt, dann wird sie bleiben. Schließlich ist sie, genau wie ihre Mutter, in Berverath geboren und zieht hier ihre Kinder groß. Warum sollte sie also weg? Doro fühlt sich ihrer Heimat beraubt, für einen Rohstoff, der sicher vieles ist, aber in keinem Fall mehr zeitgemäß.

Und das zu Recht. Braunkohle ist mit Abstand der fossile Brennstoff mit der größten Klimaunverträglichkeit. Aufgrund ihres hohen Wassergehalts und ihres vergleichsweise geringen Brennwerts erreichen die Emissionen des Treibhausgases Kohlendioxid bei der Verbrennung von Braunkohle Höchstwerte. Pro Tonne eingesetzter Braunkohle entsteht eine ganze Tonne an Kohlendioxid. Braunkohle ist ein echter Klimakiller und garantiert kein guter Verbündeter, wenn es um die Einhaltung des 1,5-Grad-Ziels geht. Mittlerweile hat auch die Politik reagiert und den bundesweiten Kohleausstieg beschlossen – allerdings erst ab dem Jahr 2038. Zu diesem Zeitpunkt wird kaum eine:r der heute verantwortlichen Politiker:innen noch im Amt sein. Bis dahin wird in der Region weiter gefördert. Insgesamt fünf Dörfer sollen dem Tagebau Garzweiler II noch weichen. Nach dem Abbauplan von RWE ist Berverath das letzte Dorf, das sich dem Bagger beugen soll.

Doro lenkt den Wagen auf eine Landstraße und fährt in das nahe Lützerath. Gelbe Holzkreuze markieren den Ortseingang. Sie sind ein Zeichen des Protestes gegen den Braunkohleabbau und vor nahezu jedem Dorf in der Region aufgestellt. »Das ist das Haus von Eckhard«, sagt Doro und fährt nah an der Abbruchkante des Tagebaus entlang. Klimaaktivist:innen haben vor dem letzten bewohnten Haus eine Mahnwache gebildet. Nirgendwo ist die Bedrohung durch den riesigen Bagger so offensichtlich erkennbar wie hier. Die Geschichte von Eckhard, dem letzten Dorfbewohner sei eine dieser Geschichten, die viele Pressevertreter:innen hier in der Region suchen. An der Abbruchkante erhält man sehr unvermittelt einen Einblick und ein Gefühl dafür, wie es aussieht, wenn der Tagebau immer näher rückt und ganze Dörfer vernichtet.

Für die Menschen, die in den betroffenen Gemeinden leben, ist das Thema Umsiedlung bereits seit frühester Kindheit ein Thema, erzählt Doro. Braunkohle wird in dieser Region schon seit den 1960er-Jahren gefördert. Die Situation sei paradox. »Mit der Zustimmung der Bundesregierung wird mir meine Heimat genommen. Für Braunkohle, die niemand haben will und die erwiesenermaßen die Umwelt zerstört«, empört sie sich. Vielen Dorfbewohner:innen, gerade den Älteren, würden der Druck und die ständig neu aufkeimende Unsicherheit über den Verbleib ihres Wohnorts zu groß werden und sie würden schließlich mit gebrochenem Herzen ihre Heimat verlassen. Auch ihre Mutter wird wegziehen, sagt Doro und umklammert das Lenkrad.

Aber die Berverather wehren sich. Gemeinsam mit anderen Einwohner:innen hat sich Doro dem Bündnis »Alle Dörfer bleiben« angeschlossen, das sich dem Schutz der vom Tagebau bedrohten Dörfer verschrieben hat. Das oberste Ziel des Bündnisses: aufklären und Druck auf die politischen Entscheidungsträger:innen ausüben. Doch Doro will mehr tun und unterstützt Klimaaktivist:innen, die in die umliegenden Wälder gezogen sind. Sie stellt Lebensmittel zur Verfügung und schaut öfter in dem Lützenrather Wald vorbei, der direkt an der Abbruchkante liegt und bewohnt wird. Das Engagement der vornehmlich jungen Leute begeistert sie.

Irgendwie sei sie in die Rolle der Unterstützerin und in das Engagement gegen den weiteren Braunkohleabbau hineingewachsen, sagt sie. Auch für die nächsten Monate sei einiges an Aktionen geplant. Demonstrationen, Wanderungen durch die Dörfer, Radtouren durch den Tagebau. Es sei gut zu wissen, dass es neben »Alle Dörfer bleiben« noch verschiedene weitere Organisationen gibt, die dafür kämpfen, dass die letzten Dörfer bleiben und nicht dem Schaufelradbagger zum Opfer fallen. Die Hoffnung, das sich langsam, aber unerbittlich nähernde stählerne Monstrum noch aufzuhalten, wird für lange Zeit bestehen bleiben. Teilerfolge geben Doro und den anderen Aktivist:innen recht.

Erst im Juli 2016 beschloss die nordrhein-westfälische rot-grüne Landesregierung unter der damaligen Ministerpräsidentin Hannelore Kraft die Verkleinerung des Tagebaus und verabschiedete eine neue Leitentscheidung – die dritte seit 1987.[18] Demnächst will Doro gemeinsam mit anderen Dorfbewohner:innen ein coronakonformes Fest in Berverath organisieren. Mit Musik, Tanz und allem, was dazugehört. Um Politik soll es hierbei weniger gehen (wobei die bei einer Veranstaltung an einem solchen Ort immer mitschwingt), viel wichtiger sei es, der Welt und vor allem dem Betreiberkonzern RWE zu zeigen, dass die Region noch lebt. Doro erreicht ihr Heimatdorf. Auch vor dem Ortsschild von Berverath steht ein gelbes Holzkreuz. Wenige Sekunden später ist sie an ihrem Haus angekommen. Sie dreht den Zündschlüssel um. Der Motor ist aus. Es ist jetzt ganz still in Berverath. Nur in der Ferne ist kaum vernehmbar ein leises Brummen zu hören. Der Bagger, er nähert sich. Langsam, aber beständig.

2.4 KLIMASCHUTZ KONKRET:
DIE VERANTWORTUNG DER POLITIK

Nach den Erzählungen von Doro frage ich mich: Was müssen wir tun, damit Menschen wie Doro nicht ihre Heimat verlassen müssen? Wie hat Klimaschutz konkret auszusehen? Was können wir effektiv dazu beitragen, damit unsere nachfolgenden Generationen einen intakten Planeten vorfinden?

Jede:r von uns kann CO_2 einsparen. Ich zum Beispiel versuche viel mit dem Rad und wenig mit dem Auto zu fahren. Ich habe meinen Fleischkonsum reduziert und probiere, saisonale und regionale Lebensmittel zu kaufen. Außerdem nutze ich Apps wie Codecheck, um Mikroplastik in den Kosmetikprodukten, die ich benutze, zu vermeiden. Das sind nur einige Beispiele, die sich positiv auf meinen ökologischen Fußabdruck auswirken – und einen echten Unterschied machen. Durch unser Handeln können wir alle mit gutem Beispiel vorangehen und müssen nicht durch nervige Moralpredigten andere belehren. Selber machen ist besser, als mit dem Finger auf andere zu zeigen. Ich jedenfalls will mit meinem Handeln zu mehr Umweltschutz inspirieren und hoffe sehr, dass ich das auch ab und zu schaffe. Auch wenn ich weiß, dass ich nicht 100 Prozent umweltfreundlich lebe.

Mir ist es aber auch wichtig anzumerken, dass in Deutschland viel zu viele Menschen nicht einfach so beispielsweise vom Auto aufs Fahrrad oder auf Bus und Bahn umsteigen können, solange die Politik nicht gerade diese Verkehrsmöglichkeiten stärker fördert und ausbaut.

Ich würde meine Familie, die auf dem Land lebt, sehr gerne davon überzeugen, stärker die öffentlichen Verkehrsmittel zu nutzen. Aber zugegeben, ich habe gut reden, denn in Berlin, wo ich wohne, kann ich das easy umsetzen: CarSharing, Fahrradwege, U-Bahnen, Straßenbahnen, alles kein Problem. Busse und Bahnen fahren regelmäßig und die ganze Nacht durch. Für meine Familie gibt es aber eben diese Angebote in der ländlichen Region nicht. Nicht einmal Fahrradwege sind in und um meine Heimat herum so ausgebaut, dass man sicher und problemlos mit dem Fahrrad in die nächstgrößere Stadt fahren könnte. Das ist ein Problem, und hier ist die Politik gefordert. Und zwar nicht erst in vier, fünf oder zehn Jahren. Sondern jetzt.

Den großen Hebel zur Veränderung bedienen nicht wir Privatpersonen. Wir können – und sollten – zwar unser Bestes geben, um umweltfreundlicher zu leben, was in einer nichtnachhaltigen Welt gar nicht so einfach umzusetzen ist. Und am Ende des Tages sind es vor allem große Konzerne und Politiker:innen, die in der Verantwortung stehen. Eine unter anderem vom Climate Justice Programme in Australien in Auftrag gegebene klimawissenschaftliche Untersuchung kam zu dem Ergebnis, dass seit 1988 gerade mal rund 100 Unternehmen für mehr als 70 Prozent der weltweiten CO_2-Emissionen verantwortlich sind.[19] Das amerikanische Climate Accountability Institute veröffentlichte im Oktober 2019 aktualisierte Daten, die sich auf eine Analyse der Top-Verschmutzer zwischen 1965 und 2017 fokussieren. Zusammenfassend kann man sagen: Die zwanzig größten Konzerne im Bereich fossiler Energieträger haben in diesem Zeitraum zusammen ungefähr 35 Prozent der globalen Emissionen erzeugt.[20] Das muss man sich mal auf der Zunge zergehen lassen – 35 Prozent der globalen Emissionen stammen von nur 20 Produzenten. Die Verantwortung für die Klimaentwicklung liegt also zu einem enormen Teil bei großen Konzernen – und weniger bei kleinen Individualverbraucher:innen.

In den Niederlanden ist nun erstmals der Mineralölkonzern Shell per Gerichtsurteil dazu verpflichtet worden, einen Beitrag zum Erreichen der Pariser Klimaziele zu leisten. Ein Gericht in Den Haag entschied Ende Mai 2021, dass Shell seinen CO_2-Ausstoß bis 2030 um netto 45 Prozent gegenüber dem Stand von 2019 reduzieren muss. Das Urteil dürfte auch Auswirkungen auf andere große Konzerne haben, nicht zuletzt, weil das Gericht betonte, dass die Verpflichtung zum Klimaschutz auch für andere Unternehmen gelte. Geklagt hatte die niederländische Umweltorganisation Milieudefensie zusammen mit über 17.000 Bürger:innen – unterstützt von zahllosen weiteren Menschen, die insgesamt eine halbe Million Euro gespendet hatten, um die Prozesskosten zu decken.[21]

Dieses Urteil, ebenso wie das des Bundesverfassungsgerichts in Karlsruhe macht deutlich: Klimaschutz ist Menschenrecht. Und zwar überall und jederzeit! Wir dürfen und müssen dieses Recht einfordern.

2.5 WEGE AUS DER KLIMAKRISE: DIE ENERGIEWENDE

Dass der Staat und Gerichte mittlerweile vereinzelt große Konzerne in die Verantwortung nehmen, ist die eine Sache. Trotzdem brauchen wir einen konkreten Plan und Handlungsanweisungen, um der Klimakrise energisch entgegenzutreten. Wir müssen darüber reden, wie sie noch gestoppt werden kann. Das oberstes Ziel, bei dem sich über 10.000 Klimaforscher:innen einig sind, ist die Verringerung des CO_2-Ausstoßes. Dabei ist es elementar wichtig, dass die Verbrennung fossiler Energieträger wie Erdöl, Erdgas und Kohle aufhören muss. Das Ausmaß der Klimakrise ist noch aufhaltbar, aber wir müssen JETZT etwas dagegen tun. Der Generalsekretär der Weltwetterorganisation, Petteri Taalas, sagte 2018 in einem Zeitungsinterview, »dass wir die erste Generation sind, die den Klimawandel vollauf versteht, und die letzte Generation, die in der Lage ist, etwas dagegen zu tun«.[22] Das muss uns klar sein. Es ist erforderlich, dass wir auf erneuerbare Energien umsteigen. Konkret bedeutet das: Wir brauchen eine Energiewende.

Was genau ist damit gemeint? Die Energiewende beschreibt die zunehmende und dauerhafte Versorgung unserer Wirtschaft und Gesellschaft mit Energien wie Strom und Wärme aus nachhaltig nutzbaren, erneuerbaren oder regenerativen Quellen. Der Anteil von fossilen Energieträgern wie Erdöl, Erdgas und Kohle soll dagegen verringert bzw. bestenfalls durch erneuerbare Energien ersetzt werden.

Zu den erneuerbaren Energien zählen Energien aus Wind- und Wasserkraft, aus Erdwärme oder aus Sonnenstrahlung sowie aus nachwachsenden Rohstoffen. Energiewende bedeutet neben dem Ausbau von erneuerbaren Energien auch die Steigerung der Energieeffizienz und die Senkung des Energieverbrauchs.[23]

Mittlerweile ist der Übergang von konventionellen Brennstoffen zu erneuerbaren Energien in vielen Staaten der Welt im Gange. Auch in Deutschland tut sich endlich etwas. So soll Deutschland statt wie geplant 2050 schon 2045 klimaneutral werden. »Klimaneutral« bedeutet, dass nur noch so viel Treibhausgase ausgestoßen werden, wie auch wieder gebunden werden können. Mit anderen Worten, die Konzentration des ausgestoßenen CO_2 in der Atmosphäre soll nicht weiter steigen. In der Änderung des Klimaschutzgesetzes vom Mai 2021 ist festgelegt, dass bis 2030 die Treibhausgasausstöße um 65 Prozent vermindert werden, bis 2035 um 77 Prozent, bis 2040 um 88 Prozent und bis 2045 um 100 Prozent.

Dass Deutschland sich für den Weg zur Energiewende und zur Klimaneutralität entschieden hat, ist zweifellos im Interesse der Bürger:innen. In so gut wie allen Umfragen befürworten die Menschen Klimaschutz und das Ziel des Pariser Klimaschutzabkommens.[24] Hier stehen wir aber vor einer weiteren Herausforderung. Denn die Akzeptanz und das Verständnis für mehr Klimaschutz sind in der Bevölkerung zwar sehr groß, allerdings wollen die Menschen keine höheren Benzin- oder Strompreise zahlen und lehnen auch Mehrkosten für beispielsweise die Wärmedämmung von Wohnungen und Häusern eher ab. Und ich kann das absolut nachvollziehen.

Denn einen Millionär oder eine Millionärin interessiert ein höherer Benzinpreis nicht. Eine vierköpfige Familie, die auf dem

Land lebt, auf ein Auto angewiesen ist und jeden Euro im Monat zweimal umdrehen muss, dagegen sehr wohl. Und eben mal auf ein neues E-Auto umzusteigen, das umweltfreundlicher fährt, ist für viele Menschen auch nicht einfach so umsetzbar.

Bedeutet also: Klimabewusst und nachhaltig leben – das muss man sich in Deutschland leisten können. Und das gilt nicht nur fürs Auto. Jeden Tag regionale Produkte und saisonales Obst und Gemüse auf dem Wochenmarkt einkaufen statt die günstig importierte Ware aus dem Supermarkt – das ist für viele einkommensschwächere Familien nicht so leicht machbar. Und es ist falsch, nur Konsument:innen in die nachhaltige Verantwortung zu ziehen. Ich habe es schon gesagt: Die Energiewende muss vor allem von den großen Firmen und der Politik vorangetrieben werden, und sie muss so umgesetzt werden, dass sie alle Menschen mit einbezieht.

Dabei sollten wir im Hinterkopf behalten, dass es nicht die eine Universallösung für ein CO_2-neutraleres Leben gibt. Und ich kenne das: Manchmal macht man es sich oft zu einfach, indem man bei diesem komplexen Thema mit dem Finger auf andere zeigt. Ich zum Beispiel bin mit einem moralischen Dilemma konfrontiert. Wie verhalte ich mich in Bezug auf die Klimakrise »richtig«? Schaffe ich es, das konsequent durchzuziehen? Oder scheitere ich an meinen eigenen Ansprüchen, weil ich die Latte zu hoch bzw. zu niedrig lege?

Ich weiß, dass ich mit jedem Flug, jeder Autofahrt und jedem nicht veganen Essen konträr zu meiner Einstellung handle. Ich glaube, das ist ein Kampf, den wir alle in unserem Alltag führen. Denn natürlich versuche ich, auf meinen ökologischen Fußabdruck zu achten, aber kaufe mir auch mal ein Wasser in einer Plastikflasche, wenn ich Durst habe, oder bestelle mir online etwas zu essen. Vor einiger Zeit hatte ich in meiner Instagram-Story eine wiederverwendbare Brottüte gezeigt, die ich immer dabeihabe, wenn ich einkaufen gehe. Ich war an dem Tag allerdings nicht bei einem regionalen Bäcker, sondern an der Backstation einer größeren Supermarktkette. Den Plastikbeutel des Supermarktes ließ ich links liegen und benutzte meine wiederverwendbare Tüte, um meine Brötchen einzupacken. Was folgte, war ein richtiger Shitstorm, da einige Menschen der Meinung waren, es sei nicht in Ordnung, dass ich dort Brötchen kaufen würde. Ich sollte besser den Bäcker vor Ort unterstützen.

Ich finde, dieses Beispiel zeigt gut, wie wahnsinnig emotional aufgeladen eine Diskussion um Nachhaltigkeit sein kann. Ja, ich habe meine Brötchen nur bedingt regional gekauft, aber doch immerhin meine eigene Tüte mitgenommen. Vielleicht verlieren wir, wenn wir uns zu sehr auf Kleinigkeiten fokussieren, das große Ganze aus den Augen. Und das finde ich schade. Gerade wenn es darum geht, sich für ein besseres Morgen einzusetzen – von dem WIR alle langfristig profitieren.

2.6 DIE WELT ZUSAMMEN IN DIE RICHTIGE RICHTUNG BEWEGEN. EIN INTERVIEW MIT DEM MEERESBIOLOGEN ROBERT MARC LEHMANN

Einer, der sich definitiv für ein besseres Morgen einsetzt, ist Robert Marc Lehmann. Robert ist Meeresbiologe, Forschungstaucher, Fotograf und Autor. Wir haben uns Ende 2018 über Instagram kennengelernt. Mit Robert habe ich einen gemeinsamen Umweltpodcast: KurzVorZwölf. Weil ich wissen wollte, wie er und sein Team arbeiten, lud er mich kürzlich nach Heiligenhafen ein, wo er mit seinem Forschungsteam Submaris einmal im Jahr nach Geisternetzen taucht. Geisternetze sind alte Fischernetze,

die zum großen Teil aus Kunstoffen bestehen und im Meer be-
sitzlos »rumgeistern«. Die sind eine große Gefahr für unsere
Umwelt, denn Fische, Krabben und Wale können sich darin ver-
heddern und sterben dann auf grauenhafte Weise in unseren
Meeren.

Ich konnte Robert einige Tage begleiten, mit ihm abtauchen
(in meinem Fall eher abschnorcheln) und mit seinem Team
Geisternetze voller Fische und Muscheln aus der Ostsee holen.
In Deutschland wird mittlerweile relativ häufig über das Thema
Energiewende geredet und debattiert. Worüber wir weniger
reden, ist das Artensterben. Denn was passiert eigentlich, wenn
manche Tiere nicht mehr da sind?

LOU: In letzter Zeit habe ich viel und oft über die Klimakrise,
Kohlekraftwerke und erneuerbare Energien gesprochen. Aber
ein Thema habe ich dabei immer außer Acht gelassen: das
Artensterben. Was sagst du, Robert, wie sieht es neben den
erneuerbaren Energien, neben den Kohlekraftwerken mit den
Tieren in der Klimakrise aus?

ROBERT MARC LEHMANN: Wir haben das größte Massenaussterben seit dem Verschwinden der Dinosaurier. Es gab
vier große Massenaussterben, wir befinden uns gerade im
fünften. Wir verlieren bis zu 150 verschiedene Tierarten pro
Tag. Viele davon kennen wir noch nicht mal. Und das ist ein
großes Problem, weil wir überhaupt nicht wissen, was das für
Konsequenzen haben wird.

Die Insekten verschwinden, die Bienen verschwinden, die
Singvögel verschwinden. Aber uns ist überhaupt nicht klar,
was das für eine Auswirkung hat. Und das Doofe daran ist,
dass das nicht bezifferbar, nicht greifbar, nicht sichtbar ist.
Du siehst nicht, wenn die Fische im Meer verschwinden. Du

siehst nicht, wenn die Insekten verschwinden. Außer dass du deine Windschutzscheibe nicht mehr so oft sauber machen musst beim Autofahren.

LOU: Das betrifft uns ja auch im ersten Moment überhaupt nicht wirklich.

ROBERT MARC LEHMANN: Nee. Bis zu dem Punkt, wo du feststellst: Na ja, 64 Prozent der Lebensmittel, die wir konsumieren, von der Kirsche bis zum Apfel, vom Brötchen, was ja aus Mehl gemacht wird, haben halt mit Insekten und Bestäubung zu tun. Und wenn die fehlen, das hat schon Albert Einstein gesagt, dann wird der Mensch ziemlich schnell ein Problem kriegen, innerhalb von drei, vier Jahren. Ob das so schnell geht, weiß ich nicht. Aber guck mal: Es gibt mittlerweile insektenlose Länder, da müssen Leute mit Pinseln die Blümchen und Bäume bestäuben.

LOU: Wo zum Beispiel?

ROBERT MARC LEHMANN: In Japan. Auf den Mandelplantagen oder in den Kirschplantagen zum Beispiel. In Kalifornien, da gibt es Mandelbäume, da werden ganze Bienenhorden auf riesigen Trucks hingefahren.

LOU: Wir reden immer über die Klimakrise. Aber wie löst die genau das Artensterben aus? Also wie hängt das miteinander zusammen?

ROBERT MARC LEHMANN: Alles hängt miteinander zusammen. Das ist der wichtigste Satz, den du dir merken musst. Guck mal: Die Klimakrise verändert ja beispielsweise das Meer. Als Meeresbiologe kann ich das vermutlich am besten am Beispiel Meer erklären. Das Meer wird durch die Klimakrise wärmer, das ist, glaube ich, allen klar. Der Meeresspiegel steigt durch abschmelzende Pole, das heißt, das Meer wird süßer. Wärmer, süßer. Das passiert durch das CO_2, das wir in die Atmosphäre ballern durch Autos, Flugzeuge, Hausbau, Streaming. Das Meer hat durch die Klimakrise, durch den Klimawandel, ein großes Problem: Wärmer, saurer, süßer, CO_2-reicher, dazu kommt die Überfischung, Plastikvermüllung und so weiter. Wir haben richtig viele Probleme.

Beispiel Koralle – die leben am absoluten Existenzmaximum. Denn Korallen können im Durchschnitt so maximal 28,9 Grad aushalten an Wassertemperatur. Wird die überschritten, verlieren sie ihre Partner, das heißt, diese schönen bunten Korallenriffe, die du aus dem Fernsehen kennst, die sind nur so schön bunt durch die Zooxanthellen, das sind Algen, die der Koralle ein bisschen Nahrung zur Verfügung stellen, und die verlassen die Korallen, wenn es zu warm wird.

Das Korallenriff stirbt dann ab. Das Korallenriff ist aber die Brutstube für ganz viele Jungfische. Dort verstecken sich Tiere, das hat eine ganz wichtige Funktion, so ein Korallenriff im Ökosystem Meer. Das ist ein riesen Rattenschwanz, eine große Verkettung von vielen Problemen. Die kleinen Pflanzen, die Sauerstoff produzieren, kriegen Probleme durch den erhöhten CO_2-Eintrag im Meer. Durch die Versüßung können viele Fische dort nicht mehr leben. Das ist so eine wahnsinnige Verkettung, und das macht es so schwierig, das Ganze überhaupt zu beziffern. Dadurch ist das Artensterben dann natürlich gesellschaftlich nicht so relevant.

LOU: Für mich ist das so unglaublich schwer greifbar, weil ich nicht deinen Job mache und nicht jeden Tag damit zu tun habe. Und wir haben ja schon mal darüber gesprochen, dass alles, was im Meer passiert, so unsichtbar ist. Es ist gut, dass Menschen wie du das nach außen tragen und nach oben an die Oberfläche bringen, aber es tangiert mich halt erst mal nicht. Hast du weitere Beispiele, die uns hier in Deutschland betreffen? Wenn hier bei uns Tierarten aussterben, was kann das für uns im globalen Norden bedeuten?

ROBERT MARC LEHMANN: Du hast gerade ein wichtiges Wort gesagt: uns. Uns wird das wenig tangieren. Wir haben immer genug Nahrung. Wir können unsere Deiche höher bauen, wenn das Meer steigt. Wenn die Insekten verschwinden, dann importieren wir Lebensmittel von anderen Orten. Es gibt aber Menschen, die das nicht können. Und das ist das große Problem. Die Hälfte der Weltbevölkerung ist halt so heftig von der Klimakrise und vom Artensterben betroffen. Und diese Hälfte der Weltbevölkerung kann nichts dafür. Das sind wir westlichen Länder, die so was verursachen. Verursacherprinzip – wir müssten dafür eigentlich aufkommen. Du kennst das Spiel. Und wir sitzen hier in unseren reichen Ländern, und uns wird das wenig tangieren. Guck mal, Fische sterben aus, aber es gibt Menschen, die müssen Fisch essen, um zu überleben. Da wird's dann schon ganz schön schwierig. Und wenn Tiere im Dschungel aussterben aufgrund von Wilderei, Palmölplantagen, Abholzungen, illegalem Tierhandel und so weiter, dann hat das auch Auswirkungen auf die Menschen, die dort leben.
Hier in Deutschland haben wir einen großen Artenschwund bei Insekten, bei Säugetieren, bei Singvögeln und so weiter. Das ist ein Verlust an Biodiversität. Das ist ein ganz, ganz wichtiger Begriff. Und da alles mit allem zusammenhängt, hat das dann wirklich horrende Auswirkungen.

Es gibt ja zum Beispiel Vögel, die Samen verbreiten, und dadurch wachsen Blumen. Schmetterlinge brauchen bestimmte Blumen, um dort ihre Eier abzulegen, damit dann eine Raupe entsteht, und die fressen eben nur genau diese eine Pflanzenart. Und daran siehst du schon: Dann hängt auf einmal eine Pflanze mit einem Schmetterling und mit einer Raupe und eine Raupe mit einem Vogel zusammen. Und dieser Vogel wird vielleicht von einem Marder gefressen. Dann stirbt der Marder aus, weil es den Vogel nicht mehr gibt, weil es die Pflanze nicht mehr gibt, weil es den Schmetterling nicht mehr gibt.

LOU: Also eine Kettenreaktion.

ROBERT MARC LEHMANN: Ganz genau. Und wir kriegen im Grunde nichts davon mit, außer dass dann unsere Wälder irgendwann eingehen. Es gibt ganz, ganz krasse Beispiele. Schau dir mal Guam an. Das ist der Oberhammer. Das ist eine Insel im Pazifik. Ich war da schon und war super erstaunt, wie beschissen es da aussieht.

LOU: Was heißt beschissen?

ROBERT MARC LEHMANN: Katastrophal. Die Insel ist völlig hinüber. Keine Wälder mehr, und das alles nur durch Artenschwund und Artensterben. Die Insel ist im Prinzip auf dem Weg ins Unbewohnbare. Und da sehen wir das große Problem: Innerhalb kürzester Zeit können kleine Lebensräume völlig zerstört werden und über mittelfristige Zeiträume auch die Lebensräume, in denen wir leben, die für uns wichtig sind, durch den Verlust von Arten. Und das macht mir manchmal ein bisschen Angst, weil man schwer was dagegen tun kann. Klar kannst du deinen kleinen Beitrag leisten, du kannst die Vögel vernünftig füttern. Du kannst Blumen aufstellen auf deinem Balkon oder Seedbombs werfen mit einheimischen Blumenarten, um die Schmetterlinge und Insekten zu unterstützen, Insektenhotels bauen. Du kannst an NGOs und Umweltschutzvereine spenden, die sich gegen das Artensterben einsetzen. Überhaupt erst mal zu verstehen: Ach du Scheiße, das geht schnell, was zur Hölle müssen wir denn eigentlich tun? Und es gibt manche Situationen – ich nehm jetzt mal den Vaquita, den kalifornischen Schweinswal, da ist das Rennen um den Verlust dieser Art verloren.

LOU: Das heißt, du weißt jetzt schon …

ROBERT MARC LEHMANN: Der wird aussterben. Es gibt nur noch zwölf davon.

LOU: Zwölf Schweinswale auf der ganzen Welt?

ROBERT MARC LEHMANN: Ja. Und den gibt's nur so wenig, weil der in Stellnetzen verendet, das kannst du nun ganz genau beziffern, wie beschissen Stellnetze sind.

LOU: Das ist das, was wir unter anderem die letzten Tage hier in der Ostsee gesucht haben.

ROBERT MARC LEHMANN: Ja. Diese Stellnetze sind aufgestellt für den Totoaba, das ist ein Fisch, von dem man die Schwimmblase haben will, die angeblich wunderheilsame Kräfte in Asien hat. Der Schweinswal stirbt nur wegen den Menschen, die unbedingt die Schwimmblase haben wollen. Und er wird verschwinden, in den nächsten Jahren wird dieses Tier aussterben.

LOU: Kann man die Wale retten, indem man sie irgendwie schützt und dann hofft, dass sie sich noch mal paaren?

ROBERT MARC LEHMANN: Da draußen ist purer Krieg. Bewaffnete Mafialeute, die diese Fischblasen für Millionen verkaufen und die Stellnetze illegal ausstellen. Und der Leidtragende ist der Vaquita. Man hat versucht, ihn zu fangen, weil man den züchten wollte. Beim Fangen ist ein Tier gestorben, und in Gefangenschaft ist ein Tier gestorben. Man hat dann gesagt: Das waren jetzt zwei von fünfzehn, das Projekt ist gescheitert. Diese Arten werden wir über kurz oder lang einfach verlieren.

Das Beste, was du tun kannst, ist, den Arten den Lebensraum zu sichern. Wir dürfen nicht noch mehr Felder anlegen und noch mehr Wälder abholzen. Wir brauchen Urwälder. Das dauert natürlich hundert Jahre, bis die Urwälder zurückkommen, aber das, was noch da ist, dürfen wir nicht auch noch verlieren. Und deswegen ist es wichtig, zum Beispiel Meeresschutzgebiete zu etablieren, Naturschutzgebiete wirklich zu kontrollieren, einzuhalten, um den Arten, die wir verlieren, die letzten Refugien zu bieten.

LOU: Du hast gerade Naturschutzgebiete angesprochen. Ich habe gehört, dass man hier in Deutschland in Meeresschutzgebieten trotzdem fischen darf. Stimmt das?

ROBERT MARC LEHMANN: Angeln, fischen, Sand verklappen, nach Öl bohren. Es ist völlig verrückt. Ein Meeresschutzgebiet in Deutschland ist im Prinzip ein Papiertiger, weil man alles da immer noch darf. Für mich ist ein echtes Meeresschutzgebiet zum Beispiel das, was Neuseeland macht. Meeresschutz heißt Meeresschutz. Niemand darf irgendetwas in diesem Gebiet tun. Es ist absolut verboten, dort zu fischen, zu angeln, zu tauchen, irgendetwas dort zu machen. That's it. Es wird komplett in Ruhe gelassen. Und das ist der einzig richtige Weg und nach meinem Empfinden als Biologe die Definition von Schutzgebiet. Schutzgebiet heißt nicht: Ich darf dort fischen.

LOU: Und das ist jetzt nur bei uns in Deutschland so, oder ist das so ein europäisches Ding?

ROBERT MARC LEHMANN: Das ist so ein europäisches Ding. In ganz Europa darf man in Meeresschutzgebieten fischen.

LOU: Was hat das für einen Sinn? Das kann ich nicht nachvollziehen.

ROBERT MARC LEHMANN: Das ist genau das Problem. Ich kann das auch nicht nachvollziehen. Aber das ist EU-Gesetz. Du kannst in Meeresschutzgebieten fischen. Es macht überhaupt keinen Sinn. Dann ist es ja kein Schutzgebiet. Und dann gibt es andere Länder, die rigoros sagen: Nein. Das hier ist ein Schutzgebiet. Wiedersehen, liebe Leute, hier darf man nichts mehr veranstalten. Man darf noch nicht mal tauchen gehen. Ich war in Costa Rica in einem Nationalpark tauchen, der seit 29 Jahren existiert – alter Schwede! Eine Vielfalt unter Wasser. Ich bin abgetaucht, und als Erstes habe ich 40 Haie gesehen, Muränen, Meeresschildkröten, riesige Fischschwärme. Ich bin da runtergetaucht und hab gedacht: So was habe ich in meinem Leben noch nicht gesehen. Hier funktioniert echter Meeresschutz, das ist Artenvielfalt, so hält man das Artensterben auf. Ein Gesetz ist immer nur so stark wie dessen

Umsetzung. Man muss diese Schutzgebiete unbedingt kontrollieren. Auch mein Waldstück in Peru nützt mir gar nichts, wenn da nicht jemand vor Ort hockt und das Ding kontrolliert. Ganz, ganz wichtig. Das hält Artensterben auf. Und im Prinzip sind die echten Artenschützer die Leute, die vor Ort sind. Die Ranger, die Patrouillenboote.

Die echten Artenschützer sind nicht die Leute, die im Zoo zum Beispiel eine Art bewahren in einem goldenen Käfig. Es sind übrigens auch nur rund 50 Tierarten gewesen, die durch Zoos und Aquarien geschützt wurden. Es sind wirklich die Leute, die im Dschungel als Ranger oder in der Savanne oder wo auch immer vor Ort Tierschutzprojekte machen, Lebensräume bewahren und die Tiere davor schützen, dass sie zum Beispiel gewildert werden oder für traditionelle chinesische Medizin abgeschlachtet werden. Oder meinetwegen auf dem Meer auch die Sea Shepherds, die verhindern, dass Wale gefangen werden, dass Haie abgeschlachtet werden. Das sind für mich Artenschützer. Und das Geile ist: Jeder von uns kann auch im kleinen Stil ein Artenschützer sein – vom Insektenhotel bis zur Seedbomb, vom Vögelfüttern bis im Sommer auch mal, wenn die Tiere wenig Wasser haben, eine Wasserschale hinstellen.

Das ist auch Artenschutz. Kann jeder von uns tun. Wir können zusammen die Welt tatsächlich in die richtige Richtung bewegen. Das geht, glaubt mir.

2.7 EXTREMWETTER IN DEUTSCHLAND: DIE HOCHWASSERKATASTROPHE VOM 14. JULI 2021

Doro und Robert fordern, dass beim Klimaschutz endlich mehr passieren muss – und zwar sofort. Denn extreme Wetter-phänomene häufen sich.[25] Sei es die Hitzewelle mit bis zu 50 Grad in Kanada, Extremwetter mit Hagelgewitter im Früh-sommer in Baden-Württemberg und Bayern, die gemessene Höchsttemperatur von 18,6 Grad in der Antarktis oder das ver-heerende Hochwasser in Nordrhein-Westfalen, Rheinland-Pfalz und Oberbayern mit dramatischen Auswirkungen und Toten. Solche Ereignisse werden, wenn wir nicht handeln, weiter zu-nehmen. Klar ist also: Die Klimakrise ist kein Schauermärchen, sondern real.

Besonders schockiert hat mich die Hochwasserkatastrophe in Deutschland um den 14. Juli 2021. Das Tiefdruckgebiet »Bernd« hat in vielen Regionen in Nordrhein-Westfalen und Rheinland-Pfalz schwere Niederschläge verursacht. An manchen Orten fielen innerhalb von 24 Stunden mehr als 150 Liter Regen pro Quadratmeter.[26] Die Regenmassen haben sehr starke Über-schwemmungen mit schlimmen Folgen ausgelöst, bei denen viele Menschen ums Leben gekommen sind. Zum Zeitpunkt, an dem ich diese Zeilen schreibe, sind es insgesamt schon 143[27]. Eine unfassbare Zahl. Die Zahl der Opfer liegt schon jetzt um einiges höher als beim sogenannten Jahrhunderthochwasser im Jahr 2002. Damals kamen 21 Menschen ums Leben.[28]

Das Hochwasser im Sommer 2021 hat auch mehrere Um-spannwerke zerstört. Das hat dazu geführt, dass die Stromversorgungsunternehmen in den betroffenen Gebieten den Strom abschalten mussten. In Nordrhein-Westfalen und Rheinland-Pfalz hatten über 200.000 Menschen keinen Strom. Auch Mobilfunknetze und die Trinkwasserversorgung sind in einigen betroffenen Gebieten zusammengebrochen.[29] Ich kann mich noch ganz genau an den Tag erinnern, als ich von der Katastrophe erfahren habe. Im Fernsehen liefen die schockierenden Bilder aus den betroffenen Gebieten rauf und runter: Eingestürzte Häuser, Straßen, die wie Flüsse aussahen, umgekippte Autos und – das war für mich das Erschütterndste – immer wieder weinende, verzweifelte Menschen, die um ihr Hab und Gut oder sogar geliebte Menschen trauerten. Mir schoss dabei durch den Kopf, was später viele Menschen in den sozialen Medien aussprachen: Diese Extremwettersituation ist kein Zufall. Und sie wird auch nicht die letzte Situation dieser Art sein.

Unter den Todesopfern der Flutkatastrophe waren auch zwölf Bewohner:innen einer Einrichtung für Menschen mit geistiger Behinderung. »Das Wasser drang innerhalb einer Minute bis an die Decke des Erdgeschosses«, sagte der Geschäftsführer des Landesverbands der Lebenshilfe Rheinland-Pfalz, Matthias Mandos dem Tagesspiegel. Zwar schaffte es die Nachtwache, noch einige Bewohner:innen in den ersten Stock des Wohnheims zu bringen, aber die restlichen Bewohner:innen konnten nicht mehr gerettet werden. Eine Situation, die ich mir in ihrer Grausamkeit gar nicht vorstellen möchte und die mich immer noch mit Gänsehaut zurücklässt.[30]

Nach einer Spendenaktion, die ich gemeinsam mit Freunden gestartet habe, um den betroffenen Menschen möglichst schnell und unbürokratisch zu helfen, bekam ich einige E-Mails aus den Unwettergebieten zugeschickt – auch von Verena. Sie kommt aus dem Kreis Euskirchen in NRW. Das Gebiet ist stark betroffen.

Ihre Zeilen haben mich derart berührt, dass ich sie in meinem Buch abdrucken möchte. Vorab zur Einordnung: An dem Tag, an dem sie mir geschrieben hat, meldete der Kreis Euskirchen 26 Todesfälle und mehr als 700 Vermisste.

Liebe Louisa,

ich komme aus dem Kreis Euskirchen an der Grenze zu Rheinland-Pfalz. Hier bin ich geboren und aufgewachsen.

Die Wettervorhersage am Anfang der Woche war für mich schwer greifbar. Ich hatte zu keinem Zeitpunkt geglaubt, dass kleine Bäche, die knöcheltief sind, zu reisenden Strömungen werden können und Dörfer zerstören. Als der Regen am Mittwoch begann, wurde er schnell so stark, dass ich mich nicht mehr traute, Auto zu fahren. Ich versuchte meine Eltern zu erreichen, aber sie waren für mich weder übers Internet noch übers Telefon erreichbar. Dann stieg Panik in mir auf. Gegen 20:00 erreichte ich meine Mutter, die mir erzählte, dass sie keinen Strom und kein Internet mehr hätten. Die Verbindung war sehr schlecht, aber ich hörte, dass kein Wasser im Haus stehe und es ihnen körperlich gut ging.

Donnerstags morgens sah ich die ersten Bilder der zerstörten Eifel, aber die waren surreal für mich. Real wurde das Ausmaß des Hochwassers erst für mich, nachdem die Autobahnverbindung in die Eifel gesperrt wurde. Damit war die Eifel isoliert vom Rest der Welt. Ich verfolgte ununterbrochen die Nachrichten. Das Gefühl, meine zerstörte Heimat im Fernsehen zu sehen, kann ich auch jetzt noch nicht in Worte fassen.

Freitags wurde die Autobahn wieder geöffnet und obwohl davon abgeraten wurde, in die Krisengebiete zu fahren, war der Drang zu meiner Familie zu kommen deutlich größer als die Angst, mir könne etwas passieren.

Das Ausmaß vor Ort brachte dann die Trauer und Verzweiflung. Mein gestandener Vater weinte, als er mir von seinen Erlebnissen berichtete.

Menschen, die in der Eifel ihr Zuhause fanden, haben im Hochwasser ihr Leben verloren. Die Orte, die ich jahrelang selbstverständlich aufgesucht habe und an denen viele Erinnerungen hängen, sind zerstört. Meine Heimat aus der Kindheit gibt es so wie früher nicht mehr.

Das Hochwasser trifft hier eine Region, die es nicht leicht hat. Die Infrastruktur ist schlecht und Internetverbindungen sind dürftig. Züge fahren nur jede Stunde und mehr als Schulbusse gibt es nicht. Der Altersdurchschnitt ist hoch und die Menschen sind hier in der Mehrheit Arbeiter. Sie haben meist mit Mitte 20 geheiratet und ein Haus gebaut. Sich damit früh verschuldet, aber das Eigentum ist heilig. Viele Familien können sich maximal einen einfachen Urlaub im Jahr leisten. Meistens sind die Kinder diejenigen, aus denen was werden soll. Aber ohne Bafög können sich hier nur die Wenigsten ein Studium leisten.

Das Hochwasser hat das solide Leben der Eifler zerstört. Existenzen sind in Minuten ruiniert worden. Die Verzweiflung ist gigantisch. Die meisten Menschen arbeiten dort, wo sie auch wohnen. Damit haben einige nicht nur ihr Zuhause, sondern auch ihre Arbeitsstelle verloren. Wohnungen und Mehrfamilienhäuser sind in unserer Region eine Seltenheit. Daher wissen viele nicht, wo sie die nächsten Jahre während des Wiederaufbaus leben sollen. Ein zweites Haus kann sich jedenfalls keiner leisten.

Da hier die Vulkaneifel angrenzt und Hochwasser in geringem Ausmaß immer mal wieder vorkam, sind die Elementarversicherungen für viele nicht bezahlbar. Sie stehen jetzt also ohne Versicherungsschutz da. Finanzielle Rücklagen sind eher dürftig.

Die Menschen hier sind in der Mehrheit konservativ und CDU-Wähler. Vor dem Klimawandel werden oftmals die Augen verschlossen. Auch wenn ihnen die Natur der Eifel heilig ist, so ist ihnen auch ihr tägliches Stück Fleisch und der Diesel-Pkw heilig. Viele besitzen eigene kleine alte Traktoren. Geheizt wird mit Heizöl und Brennholz. Die Windkrafträder in der Landschaft werden als störend wahrgenommen. Man gewöhnt sich hier ungern an Innovationen. Die Angst davor, Benzin und Diesel in Zukunft nicht mehr bezahlen zu können, lässt bei dem ein oder anderen Sympathien zur AfD wachsen. Mit E-Mobilität kommt man hier nicht weit. Ladestationen gibt es keine.

Die Menschen schätzen und lieben die Natur in der Eifel noch auf eine altertümliche Weise. Sie denken an die Bienen, kaufen regional oder bauen selbst an. Dass das nicht reicht, bleibt unverstanden. Die Angst vor der Zukunft macht viele hier unzufrieden und verdrossen. Jetzt kein Zuhause mehr zu haben, treibt das voran.

Lieben Gruß,
Verena

Verenas Worte zeigen, was solche Katastrophen für Menschen vor Ort bedeuten können. Das Schlimme dabei ist: Wir müssen uns darauf einstellen, dass sie sich in der Zukunft häufen werden. Politiker:innen müssen, was in Nordrhein-Westfalen und Bayern passiert ist, als letzte Warnung begreifen und endlich auf die vielen Klimaforscher:innen hören, die seit Jahrzehnten vor den Folgen der Erderwärmung warnen. »Bei den extremen Niederschlägen, die wir in den letzten Tagen in Europa erleben, handelt es sich um Extremwetter, deren Intensität sich durch den Klimawandel verstärkt und mit zunehmender Erwärmung weiter verstärken wird«, sagte beispielsweise Friederike Otto, geschäftsführende Direktorin des Environmental Change Insitute in Oxford der Berliner Zeitung.[31] Metereolge Stefan Rahmstorf stellte fest: »Schon vor über 30 Jahren haben Klimamodelle vorhergesagt, dass Extremniederschläge häufiger werden, während Tage mit schwachem Regen seltener werden.«[32]

Wenn wir die Klimakrise und die damit verbundenen Extremwetterereignisse eindämmen wollen, brauchen wir endlich eine mutigere Klimapolitik. Ich kann mir gut vorstellen, dass es für Politiker:innen nicht einfach ist, Entscheidungen für ein ganzes Land und damit hier in Deutschland für mehr als 83 Millionen Menschen zu treffen. Und ich weiß auch, dass wir hier bei uns das Problem nicht alleine lösen werden. Es braucht eine weltweite Klimaoffensive. Weil wir aber irgendwo anfangen müssen, sollten wir es tun. Es ist also enorm wichtig, dass alle Verantwortlichen in der Politik Klimaschutz ganz oben auf ihre To-do-Listen packen – auch wenn dieser teuer wird. Das Ding ist aber: Die Kosten werden viel höher sein, wenn wir weiterhin die Augen vor der Klimakrise verschließen und uns dann mit noch gravierenderen Folgen auseinandersetzen müssen. Und nicht nur Politiker:innen und die Wirtschaft müssen jetzt handeln. Auch wir Bürger:innen werden verzichten müssen. Klimaschutz ist eine riesige Challenge für uns alle.

3. THEMENKOMPLEX:

CHANCEN(UN)GLEICHHEIT IN DEUTSCHLAND

Klimaschützendes Verhalten muss man sich erst mal leisten können. Und nicht jede:r ist finanziell entsprechend aufgestellt. Das haben wir im vorherigen Kapitel schon angesprochen. Gehen wir nun etwas tiefer und werfen einen Blick auf die Chancengleichheit beziehungsweise Chancenungleichheit in Deutschland.

Was bedeute der Begriff Chancengleichheit eigentlich? Das Prinzip Chancengleichheit meint, dass alle Bürger:innen die gleiche Chance haben, möglichst viel aus ihrem Leben zu machen – unabhängig von Herkunft, Geschlecht, sexueller Orientierung, Hautfarbe, Religionszugehörigkeit und sozialem Status der Eltern. Klingt erst mal logisch. So einfach ist es aber – wie vieles im Leben – nicht.

Wie das Leben einer Person verläuft, entscheidet leider öfter der Kontostand, als uns allen lieb ist. In beinahe keinem anderen europäischen Land ist das Vermögen so ungleich verteilt wie in Deutschland.[1] Bei uns besitzen die oberen 10 Prozent der Bevölkerung etwa zwei Drittel des Nettovermögens. Allein das reichste Prozent vereint gut 35 Prozent auf sich.[2] Zum

Vergleich: 2017 konnten 20 Prozent der Haushalte[3] überhaupt kein Vermögen ansparen, weil das gesamte Einkommen für das Bestreiten des Lebensunterhaltes draufging. Wenn ich solche Zahlen lese, frage ich mich: Wie kann das sein? Das ist doch unfair!

Die Schere zwischen Arm und Reich geht in unserem Land immer weiter auseinander. Konkret bedeutet das: Arme werden eher immer ärmer (oder zumindest nicht reicher), und ohnehin schon Reiche häufen immer weiteren Reichtum an. Der von der Bundesregierung in Auftrag gegebene Armuts- und Reichtums-bericht von 2021 bestätigt das.[4] »Arm« ist in Deutschland heutzutage jemand, der weniger als 60 Prozent des mittleren Nettolohns erhält, das sind derzeit 1.176 Euro. Eine Untersuchung des Statistischen Bundesamts ergab, dass es in Deutschland immer schwieriger wird, aus der Armut herauszukommen, wenn man einmal hineingeraten ist. Wer jetzt unter die Armutsschwelle rutscht, hat es demnach immer schwerer, wieder mehr Einkommen zu erzielen. Mittlerweile beträgt der Anteil von dauerhaft von Armut bedrohten Menschen in Deutschland 44 Prozent. Das ist doppelt so viel wie Ende der 1990er-Jahre. Besonders betroffen sind Alleinerziehende, Geringqualifizierte und Menschen mit Migrationshintergrund.

Der Anteil an reichen Menschen ist in Deutschland in den vergangenen Jahren immer weiter angestiegen. Statistiken zeigen, dass die Einkommensmitte gleichzeitig immer weiter schrumpft. Die Coronakrise hat viele Menschen in finanzielle Schwierigkeiten gebracht und gleichzeitig anderen dabei geholfen, noch reicher zu werden. Im vergangenen Jahr stieg die Zahl der Milliardäre auf der Welt um 700 Personen auf 2.700 – mehr als jemals zuvor. In Deutschland gab es im Oktober 2020 119 Milliardäre. Im März 2019 waren es noch 114. Diese Superreichen kommen auf ein Gesamtvermögen von 595 Milliarden Dollar. Ich habe in meinem Leben schon mehrmals einen Satz gehört, über den ich mich immer wieder ärgere: Jeder ist seines Glückes Schmied. Er lässt uns glauben, dass wir alles schaffen können, was wir uns wünschen, wenn wir uns nur genug anstrengen. Meiner Ansicht nach ist das falsch. Global gesehen sowieso, aber auch in Deutschland.

Bei uns leben immer noch viele Kinder und Jugendliche in einem einkommensschwachen Umfeld. Laut einer Studie der Bertelsmann-Stiftung aus dem Jahr 2020 wächst jedes fünfte Kind in Armut auf. Das sind 2,8 Millionen Kinder und Jugendliche unter 18 Jahren. Diese schwierigen Startbedingungen haben massiven Einfluss auf den Werdegang der Kinder und Jugendlichen und auf ihre Chancen in unserem Bildungssystem.[5] Eine Sonderauswertung der PISA-Studie von 2018 belegt, dass der Bildungserfolg von Kindern besonders stark von ihrer sozialen Herkunft abhängt. Demnach hatten Fünfzehnjährige aus sozial benachteiligten Familien Lernrückstände von bis zu dreieinhalb Jahren gegenüber Gleichaltrigen mit privilegierten Eltern – bei gleichen Lernleistungen. Andere Studien zeigen, dass Kinder aus bessergestellten Familien zweieinhalbmal so oft eine Gymnasialempfehlung bekommen. Und: Die Studierendenquote ist bei Kindern aus Akademiker:innenfamilien fast dreimal so hoch wie bei den Kindern von Nicht-Akademiker:innen. Auch nach Ende von Schule und Studium ändert sich an diesem Bild für viele nichts: Von allen Kindern in Deutschland, deren Väter Geringverdiener sind, werden 42 Prozent selbst auch Geringverdiener.[6] Und natürlich spielt auch im Schulalltag die Coronapandemie eine entscheidende Rolle: Ich frage mich, wie Homeschooling funktionieren soll, wenn es in der Wohnung nur einen Computer gibt, den sich mehrere Geschwister teilen müssen. Oder sogar überhaupt keinen Computer. Oder wenn die

Ruhe fehlt, weil Kinder sich das Zimmer mit ihren Brüdern und Schwestern teilen müssen? Zusätzlich ist die Internetverbindung vielleicht nicht die beste oder gar nicht existent. Ich kann mir gut vorstellen, dass Ausgangssperren und Kontaktbeschränkungen über mehrere Monate irgendwann zum Stimmungskiller in der Familie werden und sich jede Menge Frust aufstaut. Andere Kinder wohnen vielleicht in einem netten Vorort. Sie besitzen funktionierende Computer, Tablets und Co., die sie sich mit niemandem teilen müssen. Sie haben große Kinderzimmer und können sich zum Lernen oder Entspannen vielleicht sogar in den Garten zurückziehen. Und wenn's mal nicht so läuft in der Schule? Dann gibt's eben Nachhilfe.

Szenarien wie diese lassen sich natürlich nicht auf alle Familien überall in Deutschland übertragen. Sicher gibt es auch Schüler:innen, die trotz kleiner Wohnung oder schlechter Internetverbindung weiter gute Noten schreiben, und solche, die in einer Villa aufwachsen und trotzdem nur Fünfen mit nach Hause bringen. Dennoch bin ich der Meinung, dass unser Bildungssystem Chancenungleichheit unterstützt oder sogar fördert. Beispielsweise wurden in der Coronapandemie ausgerechnet diejenigen Schulformen mit den größten pädagogischen Herausforderungen bei der technischen Ausstattung benachteiligt. In Nordrhein-Westfalen erhielten rund 60 Prozent der Gymnasiast:innen digitale Endgeräte wie Tablets fürs Homeschooling, an Haupt- und Realschulen nur 30 Prozent der Schüler:innen.

Das Bildungssystem hat gewaltigen Einfluss auf die Zukunft eines Landes. Der Bildungsgrad eines jungen Menschen entscheidet über seinen künftigen sozialen Status: Welchen Beruf ergreift jemand? Wie viel Geld verdient er? Wie gut sozial abgesichert ist er? Welchen Lebensstandard hat er? Ich gucke gerne politische Talkshows. Am liebsten Markus Lanz und Anne Will.

Oft, wenn es dort um Bildung und Gerechtigkeit geht, habe ich das Gefühl, dass das Thema bei politischen Entscheidungsträger:innen nicht ganz oben auf der To-do-Liste steht. Besonders deutlich wurde mir das in der Debatte um Schülerinnen und Schüler in der Coronapandemie. Ich habe den Umgang mit ihnen als wenig wertschätzend empfunden. Erst Schulen komplett dicht und Homeschooling, dann Wechselunterricht mit Maskenpflicht und schließlich die späte Priorisierung beim Impfen. Ich habe in den letzten Monaten mit vielen Schüler:innen gesprochen. Dabei habe ich immer wieder diesen Satz gehört: »Wir fühlen uns vergessen.« Ich fordere deswegen: Wir müssen über die Probleme bei der Bildung nicht nur sprechen, sondern echte Lösungen für mehr Chancengleichheit finden – nicht nur im Zusammenhang mit Corona. Ein Ansatz wäre, dass dem Bildungsministerium ein größerer Stellenwert beigemessen wird. Bildung ist so wichtig, dass sie mit ganz oben auf die politische Agenda gehört.

Nach all diesen schockierenden Zahlen eine gute Nachricht: Die Aussichten auf einen höheren Bildungsabschluss sind in der letzten Zeit immer besser geworden. Das liegt unter anderem an dem Ausbau von weiterführenden Schulen und Hochschulen, einer besseren regionalen Erreichbarkeit, einer höheren Durchlässigkeit zwischen den verschiedenen Schularten und der Etablierung alternativer Wege zur Hochschulreife. Diese Faktoren haben unter anderem dafür gesorgt, dass die Chance, das Abitur zu machen, sich mittlerweile verzehnfacht hat. So machten im Jahr 1965 nur etwa 5 Prozent der Achtzehnjährigen Abitur, heute sind es etwa 50 Prozent.

Das ist gut und zeigt, dass vieles möglich ist, wenn Politikerinnen und Politiker sinnvolle Reformen auf den Weg bringen. Mir ist aber natürlich auch bewusst, dass man das Bildungssystem nicht mal einfach so komplett umkrempeln kann.

Ich wünsche mir, dass es in Zukunft wirklich egal ist, welchen

Kontostand die Eltern haben, wenn es darum geht, ob es Kinder aufs Gymnasium schaffen oder nicht. Die Zahlen, über die ich bei der Recherche gestolpert bin, haben mich krass nachdenklich gestimmt. Und wenn ich ganz ehrlich bin, fange ich erst mit 31 Jahren damit an, differenziert auf meine eigene Kindheit und Schulzeit zurückzuschauen.

Für mich war es damals selbstverständlich, dass mich der neuste Scout-Schulranzen in der Dschungelversion ins Klassenzimmer begleitet hat. Meine Eltern haben mir immer mein wöchentliches Kakao-Abo bezahlt, damit ich in der großen Pause mein Lieblingsgetränk schlürfen konnte. Und es gab keinen Ausflug und keine Klassenfahrt, an denen ich aus finanziellen Gründen nicht teilnehmen konnte.

Ich hatte aber auch Mitschüler:innen, die den kaputten Rucksack von ihren älteren Geschwistern als Schulranzen benutzten, an keinen Klassenfahrten teilnehmen konnten und sich – wenn ich das rückblickend richtig einordnen kann – dafür schämten, dass sie in der großen Pause nicht ihr Pausenbrot rausholen konnten, weil es eben keines gab.

Was ich jetzt mit diesen Gedanken mache? Ich schreibe aus einer sehr privilegierten Position heraus. Aber eines ist klar. Sollte ich mal Mutter von einem Kind sein, dann ist es meine Aufgabe, dafür zu sorgen, dass mein Kind die Schülerin mit dem kaputten Rucksack nicht ausgrenzt. Es ist meine Aufgabe, auch als Elternteil keine Vorurteile Familien gegenüber zu haben, die über wenig bis gar keine finanziellen Mittel verfügen. Kategorien wie Arm und Reich dürfen keine Rolle spielen, wenn Menschen sich kennenlernen. Und daran können wir bereits in der Schule, ja sogar im Kindergarten arbeiten.

3.1 TEUFELSKREIS HARTZ IV.
EIN GESPRÄCH MIT NINA AUS BERLIN

Ich will nicht nur theoretisch über soziale Ungleichheit sprechen, sondern auf meiner digitalen Deutschlandreise auch betroffene Menschen zu Wort kommen lassen. Heute treffe ich
Nina. Sie hat große Teile ihrer Kindheit und Jugend bei ihrer
alleinerziehenden Mutter gelebt. Zusammen mit ihrer kleinen
Schwester hat sie vom Hartz-IV-Geld ihrer Mutter gelebt und dadurch früh erfahren, was es bedeutet, in einer finanzschwachen
Familie aufzuwachsen.

Die Probleme fingen an, als Ninas Vater die Familie verlassen
hat. Als wir unser Gespräch beginnen, erzählt Nina, dass vorher alles »relativ normal« gewesen sei. Nach der Trennung ihrer
Eltern fiel das Einkommen des Vaters weg, ihre Mutter wurde
krank, konnte nicht mehr arbeiten und musste schließlich Hartz
IV beantragen. Die gesundheitlichen Probleme der Mutter und
die angespannte finanzielle Lage dominierten den Alltag von
Nina und ihrer Schwester. Nina erzählt, wie ihre Mutter »gefangen in sich selbst« gewesen sei und nicht mehr auf Menschen
zugehen konnte.

Für Nina bedeutete das, dass sie schon früh im Leben lernen musste, Verantwortung zu übernehmen. Nicht nur für sich
selbst. Weil der Vater keinen Unterhalt zahlen wollte, zog Ninas
Familie vor Gericht. »Ich war eben eine Zeit lang die Vaterfigur
in dieser Familie«, berichtet sie. »Natürlich ist das auf Dauer
eine Belastung.« Der Kampf mit der Bürokratie zehrte an ihren
Nerven. Und er dauert immer noch an. Die Prozesse um Unter-
haltungszahlungen ziehen sich über Jahre hin und zermürben
die Geschwister und die ohnehin beeinträchtigte Mutter.

Ich will wissen, ob und wie sich die Tatsache, dass auf einmal kein Geld mehr da war, auf ihre Schulzeit und ihre spätere Studienzeit ausgewirkt hat.

Nina zuckt zunächst mit den Schultern, dann beißt sie sich auf die Unterlippe. »Ich konnte nicht einfach so meinen Führerschein bezahlen«, erzählt sie und beschreibt die Frustration, als Mutter und Tochter klar wird, dass es nichts bringt, wenn sie als Teenager arbeitet. Der Grund ist, dass das Geld, das Nina beim Jobben mit sechzehn verdient, ihrer Mutter vom Hartz-IV-Satz abgezogen wird. Geldverdienen lohnte sich für Nina also überhaupt nicht. »Wir wollten ja arbeiten«, sagt Nina. Die Frage, die sie nicht ausspricht, die aber direkt in meinem Kopf aufploppt, lautet: »Aber wofür?«

Dann spricht Nina einen Punkt an, der mich nachdenklich zurücklässt. Wenn ich ehrlich bin, bis heute. Sie erzählt, dass ihre Schwester erst superspät damit angefangen hat zu arbeiten. »Weil, warum auch?« Dieses Problem kennen viele Kinder aus Hartz-IV-Familien. Selbst verdientes Geld spielt für viele keine Rolle, weil es vom Arbeitslosengeld II, wie Hartz IV offiziell heißt, abgezogen beziehungsweise diesem angerechnet wird. Das kann Gift für die Motivation sein. Ich finde, dass Nina hier einen starken Punkt hat. Denn es ist ganz klar unfair, dass Familien, die es sowieso schon schwer haben, auch strukturell vom System benachteiligt werden.

Der Führerschein mit 18, der für mich und viele andere Jugendliche selbstverständlich war, ist nicht das Einzige, was Nina und ihrer kleinen Schwester verwehrt blieb. Feiern und durch Bars mit Freunden ziehen waren nicht drin. Dafür reichte das Geld nicht. Und an einen gemeinsamen Urlaub mit ihrer Mutter und ihrer Schwester war erst recht nicht zu denken. Fehlende Statussymbole in der Schule hat sie nie vermisst. Dass sie nicht die neuesten und teuersten Klamotten oder die neuesten Handys hatte, das war ihr nie so wichtig. Schwieriger ist es in der Schulzeit für ihre Schwester, die viele Anziehsachen von Nina übernimmt. Auch wenn weitergetragene Klamotten vielleicht ökologisch nachhaltig und sinnvoll sind, ist es für die Schwester nicht so einfach. Du kannst ja erst mal etwas von deiner Schwester anziehen, heißt es immer, wenn sie sich neue Klamotten wünscht.

Bis heute muss aber auch Nina immer wieder zurückstecken und ihre eigene Lebensverwirklichung dem Wohl der Familie unterordnen. Sie erzählt mir von einem einzigen Urlaub, den sie in letzter Zeit mit Freunden verbringen konnte. Ich finde es erstaunlich und erschreckend zugleich, dass Nina sich so um ihre Mutter kümmert. Sie denkt regelmäßig für ihre Mutter mit. In einem Alter, in dem ich mich weitaus weniger um ein oder beide Elternteile kümmern und keine Gedanken über ihr Einkommen und ihren sozialen Stand machen musste. Ich schaue Nina an: »Ich finde das krass. Da lastet doch regelmäßig total der Druck auf dir.« Sie zuckt mit den Schultern.

Ich will von Nina wissen, wie offen sie mit der schwierigen Einkommenslage ihrer Mutter umgeht. »Wenn mich jemand fragt, verheimliche ich das nicht.« Trotzdem ist sich Nina sicher: Viele Menschen verstehen nicht, dass es ihrer Mutter aus psychischen Gründen nicht gut geht und es für sie momentan nicht möglich ist, einer geregelten Arbeit nachzugehen. Es sind nicht nur die finanziell unsicheren Verhältnisse, aus denen sie stammt, die ihr Verhalten bis heute prägen.

Noch immer nimmt Nina keine:n ihrer Freund:innen oder Bekannten mit zu sich nach Hause. »Weil die Verhältnisse hier natürlich ein bisschen reduzierter sind«, wie sie sagt. Bei sich zu Hause hätten sie einfach zu wenig Platz. Hinzu kommt, dass ihre Mutter im Wohnzimmer schläft.

Und dann erzählt Nina eine kurze Geschichte, bei der ich Gänsehaut bekomme: Vor nicht allzu langer Zeit wurde ihrer Mutter vier Monate lang der komplette Hartz-IV-Satz gestrichen.

Aufgrund einer Neuberechnung der Bezüge wurden die Überweisungen erst mal eingefroren. Ihre Mutter konnte weder Miete noch Wasser oder Strom zahlen. So musste die Familie einige Tage ohne Strom leben. In einer kalten Wohnung. »Die Stromfirma weiß ja nichts davon, aber was willst du auch machen, wenn du kein Geld hast? Und dann haben die uns einfach den Strom abgestellt. Internet, meinetwegen. Aber den Strom? Weil die irgendetwas berechnen müssen?« Ich bin sprachlos.

Ich will wissen, inwieweit Nina heute noch mit dem Thema Chancenungleichheit in Berührung kommt. Sie atmet tief durch, bevor sie antwortet, und sagt dann sehr bestimmt: »Wir haben tatsächlich immer noch ganz starke Probleme.« Denn um Geld zu sparen, ist sie während der Coronapandemie im Frühjahr 2020 wieder zurück zu ihrer Mutter gezogen. Ihre Mutter bezieht immer noch Hartz IV und ist durch ihre Krankheit weiterhin stark eingeschränkt. Durch das zu hohe Einkommen ihres Vaters, der die Familie nicht unterstützt, bekommt sie während ihres Studiums kein Bafög. Sie hat einen privaten Kredit aufgenommen, den sie über insgesamt zehn Jahre abstottern muss. Mittlerweile unterstützen Nina und ihre Schwester ihre Mutter mit dem Geld, das sie beide verdienen, damit ihre Mutter ihre Wohnung halten kann.

Im Gespräch sagt Nina, dass sie sich nicht vorstellen will, was passiert, wenn sie wieder ausziehen wird – und vor allem was passiert, wenn ihre Schwester auszieht. »Dann wird der Hartz-IV-Satz meiner Mutter neu berechnet.« Ihr stehe dann wieder weniger zu, und sie könne sich dann nur eine kleinere Wohnung leisten. Das sind Gedanken, die Nina fast täglich hat. »Kann die Familie etwas Geld zurücklegen?«, will ich wissen. Das gab es noch nie. Es habe bei ihnen immer nur plus/minus null am Ende des Monats gegeben. Nichts, was man hätte sparen können. Nichts.

Ich höre Nina zu und ertappe mich dabei, dass ich ein schlechtes Gewissen bekomme. Die Sorgen, mit denen sie sich rumschlagen muss, hatte ich nie und werde ich vermutlich auch nie haben. Ich war immer finanziell unabhängig und konnte mein Ding machen. Ich konnte finanzielle Rücklagen bilden und musste mich nie darum kümmern, ob meine Familie ihre Miete bezahlen kann oder nicht. Das ist unfair und tut mir ehrlich leid – für Nina, ihre Schwester und ihre Mutter, aber auch für viele andere Menschen, denen es ähnlich geht.

Trotz der Umstände ist Nina eine Kämpferin und lässt sich von den Widrigkeiten, die ihr in den Weg gestellt worden sind und werden, nicht beeindrucken. In der Coronazeit hat sie ein eigenes Unternehmen gegründet, das sie voller Tatendrang hochzieht: eine Modelagentur für Männer. Aus den Erfahrungen aus ihrer Kindheit und Jugend zieht sie heute auch was Positives. Sie haben sie abgehärtet. »Es macht mich ein Stückchen stärker, weil ich erfahren habe, wie es ist, ohne Strom und ohne Geld zu leben.« Nina ist sich sicher, dass sie für das, was das Leben noch so für sie bereithält, gewappnet ist. Besser sogar als andere. »Wenn jemand anderes, der das nicht gewohnt ist, mal kein Geld hat, dann will ich sehen, wie der damit umgeht«, meint sie. »Denn der hat dann ein viel stärkeres Problem damit als ich.« Ich nicke zustimmend und denke: Stimmt, ich wüsste nämlich nicht, wie ich reagieren würde, wenn ich mal finanziell in Bedrängnis käme.

Am Ende des Gesprächs will ich noch etwas von ihr wissen: »Hey, Nina, wir haben jetzt so lange und ausgiebig gequatscht. Wenn du dir etwas von unserer Gesellschaft wünschen könntest oder sich etwas verbessern sollte, was wäre das?« Sie nickt. »Auf jeden Fall das Mindset von einigen Leuten, die andere Menschen aufgrund ihrer sozialen Verhältnisse runtermachen. Denn auch dadurch wird eine Ungleichheit geschaffen. Wenn andere

Menschen kein Verständnis dafür haben, dass es andere vielleicht schlechter haben als sie.«

Nina fährt fort: »Weißt du, Lou, die Sache ist die: Ich habe auch einen Abschluss und studiert. Ich bin auf demselben Level wie viele andere. Auch wenn ich vielleicht schlechter aufgewachsen bin.« Und genau das ist der entscheidende Punkt: Auch Menschen, die keinen einfachen Start ins Leben haben, können was draus machen.

»Es ist nicht wichtig, wo du herkommst, sondern wohin du gehst.« Diesen Satz habe ich mal vor Jahren auf einer Postkarte gelesen. Beim Gespräch mit Nina kam er mir wieder in den Sinn. Ihre Geschichte hat mich beeindruckt und nachdenklich gestimmt. Ich denke nämlich, dass Sätze wie der auf der Postkarte oder der, den ich am Anfang dieses Kapitels zitiert habe (»Jeder ist seines Glückes Schmied«), problematisch sind. Klar können Menschen aus finanzschwachen oder bildungsfernen Familien im Leben erfolgreich sein, aber sie haben es halt deutlich schwerer. Um diese Ungleichheit zum Start des Lebens auszugleichen, braucht es Lösungen von der Politik.

Lösungsansätze liefert Dorothee Spannagel, die Referatsleiterin für Verteilungspolitik bei der Hans-Böckler-Stiftung. In einem Gastbeitrag für den Tagesspiegel erklärt sie drei wesentliche Politikfelder, die für eine Chancenungleichheit sorgen und bei denen nachgerüstet werden muss: Arbeitsmarkt, Bildung und Steuern. Spannagel fordert, dass Arbeitslose weiterqualifiziert werden müssen, um sie wieder in den Arbeitsmarkt zu integrieren. Auch um diese Menschen vor Armut trotz Arbeit zu schützen, muss dafür gesorgt werden, dass sie sichere Jobs bekommen und dafür angemessen bezahlt werden. Das ermöglicht laut Spannagel dauerhaft eine gesellschaftliche Teilhabe. Bei der Bildung braucht es eine gezielte frühkindliche Förderung, die dabei hilft, ungleiche Startchancen auszugleichen. Beim Steuersystem kritisiert Spannagel, dass es soziale Ungleichheit fördert, statt sie abzubauen. Einkommen werden in Deutschland progressiv besteuert. Das heißt, wer mehr verdient, muss auch mehr Steuern zahlen. Von dieser Progression ausgenommen sind aber Kapitaleinkommen, also Einkommen, die man durch die Anlage von Geld beispielsweise in Aktien oder Anleihen bekommt.[7] Bei diesen Einkommen, die vor allem bei den Reichen konzentriert sind, gilt: Egal wie hoch die Einkünfte aus Vermögen sind, sie werden immer pauschal mit 25 Prozent besteuert – und damit deutlich geringer als alle anderen Einkommensarten. Auch das verstärkt die Ungleichverteilung von Einkommen – ebenso dadurch, dass auf Vermögen keine Steuern erhoben werden.[8]

3.2 KEIN TEIL UNSERER GESELLSCHAFT? WIE MENSCHEN MIT BEHINDERUNG BENACHTEILIGT WERDEN

Wenn wir über Ungleichheiten in Deutschland sprechen, müssen wir auch über diejenigen Bürger:innen sprechen, die nicht nur von unserem Bildungssystem und Arbeitsmarkt ausgeschlossen werden. Menschen werden auch im täglichen Leben, sei es bei Freizeitaktivitäten wie Kino- oder Konzertbesuchen, beim Bahnfahren und sogar auf der Suche nach einem Parkplatz ausgeschlossen: Menschen mit einer Behinderung.

Barrierefreiheit und Inklusion sind wichtige Themen – aber sie finden zumindest in meinem Alltag kaum statt. Es gibt da einfach einen blinden Fleck in meiner persönlichen Wahrnehmung, in der Medienberichterstattung und auch im digitalen Bereich. Wir schließen Menschen systematisch aus und merken es nicht einmal.

Das ist zum Beispiel im Erwerbsleben der Fall. Menschen mit Behinderung sind häufig einem erhöhten Arbeitslosigkeits- und Armutsrisiko ausgesetzt. Eine der Hauptursachen dafür ist oft das Fehlen von qualifizierenden Schul- und Berufsabschlüssen. Chancenungleichheit bei der Schul- und Berufsausbildung resultiert ohnehin fast zwingend in einer Chancenungleichheit auf dem Arbeitsmarkt und bei Menschen mit einer Behinderung noch umso mehr.[9]

Nun existieren zwar, zumindest in der Theorie, gesetzliche Quotenregelungen, durch die erreicht werden soll, dass die Chance auf einen Arbeitsplatz auch bei einer körperlichen und/oder geistigen Behinderung erhöht wird. Aber Arbeitgeber:innen ziehen es regelmäßig vor, Ausgleichszahlungen zu leisten, anstatt mehr Menschen mit Behinderungen zu beschäftigen. Menschen mit Behinderungen werden eher in Berufsbildungswerken, Werkstätten und beruflichen Rehabilitationseinrichtungen ausgebildet, was selten dazu führt, dass sie dann als Arbeitnehmer:innen langfristig am Erwerbsleben teilnehmen können. So bleiben Menschen mit Behinderungen, wenn überhaupt, meistens geringfügig beschäftigt oder werden in speziellen beruflichen Maßnahmen in den Arbeitsmarkt »integriert«. Und das, obwohl viele von ihnen größere berufliche Ambitionen haben. Kurz gesagt: Diese Menschen werden einfach vom Arbeitsmarkt wegrationalisiert.[10]

Die UN-Behindertenrechtskonvention forderte schon 2009, dass Menschen mit Behinderungen ein Recht darauf haben sollen, ihren Lebensunterhalt durch Arbeit zu verdienen, genauer durch eine Arbeit, die in einem offenen, inklusiven und für Menschen mit Behinderungen zugänglichen Arbeitsmarkt und Arbeitsumfeld frei gewählt oder angenommen werden kann.[11] Denn die Arbeitsmarktsituation ist für die meisten Menschen mit einer Behinderung äußerst schwierig. Wie schon kurz angesprochen, entscheidend für den Zugang zum Arbeitsmarkt und damit für die Lebenschancen insgesamt ist eine ordentliche Schul- und Berufsausbildung.[12]

Viele Menschen mit besonderen Förderbedürfnissen landen in Deutschland immer noch auf einer Förderschule (früher: Sonderschule). Drei Viertel der Förderschulabgänger:innen erwerben keinen qualifizierten Schulabschluss und werden so auch strukturell daran gehindert, sich gesellschaftlich zu integrieren. Das Schulsystem verstärkt also Arbeitslosigkeits- und Armutsrisiken für diese Menschen.

Aber wie lösen wir dieses Problem? Das Stichwort lautet hier: Inklusion. Der Begriff kommt vom lateinischen Verb »includere« und bedeutet einschließen, enthalten. Inklusion wirbt dafür, dass Schulen so ausgestattet werden, dass sie jedem Kind gerecht werden können. Das schließt nicht nur Kinder mit Behinderungen ein, sondern auch Kinder, die in Armut leben, weniger gutes Deutsch sprechen oder psychische Probleme und chronische Krankheiten haben.[13]

Es geht also vor allem um die Teilhabe für alle in einer Gesellschaft. Im Falle der Bildungseinrichtung Schule heißt das, dass wir allen Schüler:innen den Zugang zu Bildung gewährleisten müssen. Ganz unabhängig von besonderen Lernbedürfnissen oder sozialen oder ökonomischen Voraussetzungen.

Ausgehend von der UN-Behindertenrechtskonvention aus dem Jahr 2009 entwickelte die Bundesregierung 2011 einen Nationalen Aktionsplan. Darin stehen 175 Maßnahmen in 13 Handlungsfeldern: Berufsorientierung und Ausbildung, Schulen, Prävention, Gesundheitsforschung – um nur einige zu nennen.[14] Erweitert wurde der Plan durch den Nationalen Aktionsplan 2.0, der 2016 veröffentlicht wurde.[15] Alle fünf Jahre soll ein neuer folgen – für 2021 steht dieser allerdings noch aus. Im Aktionsplan von 2016 war die vermehrte Integration von Menschen mit Behinderungen in den Arbeitsmarkt ein bestimmendes Thema. Hierfür hatte die Bundesregierung 2013 eine Inklusionsinitative auf den Weg gebracht, die mit verschiedenen Kampagnen und Aktionen Unternehmen dazu motivieren soll, mehr Arbeits- und Ausbildungsplätze für Menschen mit Behinderung anzubieten.[16]

Bei der Inklusion an Schulen gibt es weiter Nachholbedarf. In Deutschland sind die einzelnen Bundesländer für die Bildung zuständig. Es gibt keine einheitliche Strategie – auch für die Umsetzung von Inklusion nicht. Das heißt, dass es zwischen den einzelnen Bundesländern große Unterschiede, beispielsweise beim Anteil der Kinder und Jugendlichen mit sonderpädagogischem Förderbedarf, gibt.

Doch es gibt auch positive Beispiele für gelebte Inklusion. So wurde im letzten Jahr unter anderem die staatliche Gemeinschaftsschule »Kulturanum« in Jena mit dem »Jakob-Muth-Preis für inklusive Schule« ausgezeichnet. Diese überzeugte die Jury durch die systematische Verbindung inklusiven Lernens mit einem umfassenden kulturellen Bildungsangebot. 2012 nahm die Schule, die von Anfang an eine »Schule für alle« sein wollte, ihre Arbeit zunächst mit einer Untergruppe (1. bis 3. Jahrgang) und einer Mittelgruppe (4. bis 6. Jahrgang) auf, in denen Kinder mit und ohne sonderpädagogischem Förderbedarf von Anfang an gemeinsam lernten. Der Unterricht findet heute für alle Kinder von der ersten bis zur zwölften Klasse jahrgangsübergreifend statt, in einer Gruppe sind jeweils Schülerinnen und Schüler aus drei Jahrgängen. Der Unterricht erfolgt nach einem Lernplan, über das Lerntempo und die Wahl der Lernpartner sowie des Lernweges entscheiden die Lernenden oft selbst. Eine Ausnahme bildet der Jahrgang 10, hier werden die Schülerinnen und Schüler auf ihre unterschiedlichen Schulabschlüsse und/oder den Übergang in die gymnasiale Oberstufe vorbereitet.

Das projektorientierte Lernen ermöglicht in kooperativen Lernformen und offenen Lernsettings gemeinsamen Unterricht. Alle Schüler:innen lernen am gleichen Thema auf ihren individuellen Anforderungsniveaus. Im Drei-Jahres-Zyklus werden fächerübergreifend verschiedene Themen aus allen Lehrplanbereichen bearbeitet. Zusätzlich können die Schülerinnen und Schüler jährlich ein freies Thema wählen – ein Beispiel für gelebte Inklusion.[17]

Fest steht: Inklusion ist ein riesengroßes Thema, was aber viel zu oft, sei es von der Politik oder auch von uns als Gesellschaft, bewusst oder unbewusst vernachlässigt wird.

Auch ich muss mir da an die eigene Nase packen. Ich habe vor einigen Monaten ein Posting über Menschen mit Behinderung verfasst und bebildert – und dafür immer das Foto einer Person im Rollstuhl ausgewählt. Glücklicherweise wurde ich von einigen Follower:innen darauf aufmerksam gemacht, dass es eben auch Menschen gibt, deren Behinderung nicht unbedingt auf den ersten Blick sichtbar ist. Beispielsweise gehörlose oder blinde Menschen, Menschen mit motorischen Einschränkungen oder Lernbehinderungen oder seelischen Behinderungen. Ist es jetzt okay, da nur einen Rollstuhl abzubilden? Eher weniger, denn diese Bebilderung bedeutet im Umkehrschluss: Behinderung = Rollstuhl. Aber das ist eben nicht so. Einige Tage später machte mich eine Followerin zudem darauf aufmerksam, dass ich in meinem Podcast nicht barrierefrei bin – weil ich meinen Podcast nicht transkribiere und so Menschen ausschließe, die nicht hören können.

Ich brauche für mein Tun und Handeln immer noch eine Checkliste, die ich mir anschaue, um mich regelmäßig selbst zu hinterfragen: Ist das, was ich mache, wirklich immer barrierefrei? Denke ich manche Menschen nicht mit? Schließe ich irgendwen schon von vornherein aus? Ich glaube, es ist unglaublich wichtig, hier regelmäßig Selbstkontrolle und Selbstreflexion zu betreiben.

Immer wieder mal Selbst-Checks durchzuführen – so etwas gab es lange Zeit bei mir nicht und ich bin mir sehr sicher, dass es vielen Menschen da ähnlich geht wie mir.

Fest steht: Menschen mit Behinderung finden im Alltag vieler zu wenig statt. Auch in meinem. Woran liegt das? Und wie können wir das ändern? Als ich für dieses Buch über Instagram nach Menschen gesucht habe, die mit mir über die Herausforderungen sprechen, vor denen sie stehen, hat sich Kathrin mit einer sehr netten, langen E-Mail bei mir gemeldet.

Schon auf den ersten Blick war mir klar: Kathrin hat viel Wichtiges zu erzählen. Gemeinsam mit ihrem Mann Marvin lebt sie in Dortmund. Marvin sitzt im Rollstuhl, und gemeinsam stoßen sie beim Thema Barrierefreiheit regelmäßig an die Grenzen des Zumutbaren. »Das ist für mich ein Thema mit ganz unfassbar vielen Facetten, welche mir nur im Ansatz bewusst sind«, schrieb sie damals. Was dann folgte, war eine lange Auflistung von Herausforderungen und Schwierigkeiten, die sie und Marvin im Alltag haben: Restaurants, Bars, Freizeitgestaltung – für all das müssen sie sich vorbereiten. Auch in einigen Alltagssituationen spüren die beiden, dass die Gesellschaft Menschen mit einer Behinderung benachteiligt. Beispielsweise wenn Marvin Kleidung shoppen will: »Es gibt kaum eine Marke, die Linien für Rollstuhlfahrer designed, und die, die es gibt, finden sich leider nie in den Geschäften vor Ort und müssen bestellt werden. Was wiederum zu weiteren Problemen führt, denn auf kaum einer Seite kann man eine Angabe machen, dass in Paketstationen die unteren Fächer genutzt werden sollen, damit Marvin auch im Rollstuhl an das Paket herankommt. Eine Info für den Paketboten, dass der Empfänger ein Rollstuhlfahrer ist und es einen Moment dauert, bis er bei der Tür ist, gibt es auch nicht. Daher müssen wir ständig Päckchen sonst wo abholen fahren, wenn ich nicht zu Hause bin und zur Tür rasen kann.« Mir ist sofort klar: Die beiden muss ich kennenlernen. Kathrin und ich verabreden uns für einen Videocall, der zu Erkenntnissen führt, die auch mir eine neue Perspektive ermöglichen.

3.3 »ER HAT ES SICH JA NICHT AUSGESUCHT, IM ROLLSTUHL ZU SITZEN«. EIN PERSPEKTIV-WECHSEL MIT KATHRIN UND MARVIN

Kathrin und Marvin strahlen um die Wette, als ihre Gesichter auf meinem Computerbildschirm erscheinen. Das ist nicht verwunderlich, denn die beiden haben Grund zum Feiern. Am 4. März 2021 haben sie geheiratet. »4321, das war einfach ein schönes Datum«, sagt Kathrin. »Sie ist einfach der Mensch, auf den ich mein Leben lang gewartet habe«, ergänzt Marvin, und mir wird direkt klar: Das wird ein gutes Gespräch – auch wenn's um ein ernstes Thema geht. Ich will mit den beiden darüber sprechen, wie es sich anfühlt, eine Beziehung zu führen, in der eine Person ein Handicap hat, und gleichzeitig herausarbeiten, was wir alle gemeinsam tun können, um Paare wie Kathrin und Marvin sichtbarer zu machen. Und ich will wissen: Was muss politisch passieren, damit es für Menschen mit Behinderung einfacher wird, am gesellschaftlichen Miteinander teilzuhaben. Aber der Reihe nach: Marvin hat Morbus Hunter. Das ist eine genetisch bedingte Stoffwechselerkrankung. »Meine Krankheit ist lange Zeit degenerativ verlaufen«, sagt Marvin. Er sei als Jugendlicher sehr dünn und sehr klein gewesen und habe oft Schmerzen gehabt. Seit er 16 Jahre alt ist, bekommt er eine Enzymersatztherapie. Die hält eine Verschlimmerung der Krankheit zwar weitestgehend auf – trotzdem ist er in seiner Mobilität eingeschränkt und auf einen Rollstuhl angewiesen.

Kennengelernt haben sich die beiden ganz »klassisch«. Bei Tinder. »Total romantisch«, wie wir lachend feststellen. Dass aus Marvin und Kathrin ein Paar wird, war nicht sofort klar. »Noch eine Stunde vor dem ersten Date wollte ich absagen«, sagt Marvin. Er habe schon viel gedatet in seinem Leben, erzählt er. »Es ist immer wieder das Gleiche: Du investierst und investierst, schreibst und fragst immer den gleichen Scheiß.« Aber bei Kathrin war es anders. »Ich habe die ganze Zeit nach was gesucht, das nicht passt bei ihr – aber ich finde bis heute nichts«, sagt Marvin. Kathrin wusste zunächst nichts von Marvins Krankheit. Erst kurz bevor sie sich zum ersten Mal zu einem Abendessen-Date verabredeten, zeigte sie ihrer Schwester Marvins Instagram-Account. Der fiel irgendetwas an seinem Bild auf. »Irgendwie sehen seine Proportionen komisch aus«, meinte sie zu ihr. Kathrin sah einfach nur einen total sympathischen, gut aussehenden Kerl, den sie gerne treffen wollte. Marvin hat seine Krankheit beim Dating bewusst verschwiegen. Ich will wissen, warum. »Mein Aussehen war immer das, was mich beim Dating blockiert hat. Ich habe gelernt: Je weniger ich von meiner Krankheit zeige, desto mehr wollen die Leute mich kennenlernen«, antwortet er. Er habe in sein Tinder-Profil einfach ein Foto von seinem Sixpack gepackt, dazu einen schlauen Biografie-Text. Und dann »habe ich gehofft, dass es einfacher wird, wenn die Person mich erst mal kennengelernt hat«. Mir fällt im Gespräch immer wieder auf, wie die beiden sich ansehen. Aus den Blicken spricht so viel Zuneigung, dass ich beim Zuhören echt gerührt bin. »Ich habe Kathrin einfach mit meiner charmanten Art überzeugt«, sagt Marvin und lacht laut los. Wenn man die beiden so ansieht, ist offenkundig: Das passt.

Erst kurz vor dem Treffen erwähnte Marvin den Rollstuhl. Kathrins Reaktion schickte sie ihm per Messenger: »Alles klar! Weißt du denn, ob das Restaurant barrierefrei ist?« Für sie sei die Behinderung von ihrem damaligen Tinder-Date und jetzigem Ehemann von Anfang an kein »Problem« gewesen. Das liege auch an ihrer Erziehung: Aufgewachsen in einem liberalen Elternhaus sei es in ihrer Familie immer egal gewesen, wo jemand herkommt oder mit welchen Einschränkungen jemand leben muss. Ein Mensch sei in erster Linie ein Mensch, hätten ihre Eltern ihr von Anfang an mitgegeben. Wir alle wissen, dass nicht jede:r so denkt. »Man muss sich ja selber die Frage stellen: Will ich einen Partner haben, der schwerbehindert ist? Wenn wir für uns ganz ehrlich sind: Man möchte doch eigentlich jemanden, mit dem man tanzen und am Strand spazieren gehen kann«, sagt Marvin und betont gleichzeitig: »Die guten Menschen sind einfach an mir interessiert, und es ist völlig egal, ob du im Rollstuhl sitzt, keine schönen Hände hast oder nicht groß genug bist.« So war es auch bei Kathrin. Bei ihrem ersten Treffen hätte Marvin auf sie etwas zurückhaltend gewirkt, sagt Kathrin durch die Webcam. Ihr sei aufgefallen, dass er seine Finger ein wenig versteckt hätte. Irgendwie automatisch. Das mache er heute manchmal immer noch. Kathrin erzählt weiter von ihrem ersten Treffen mit Marvin. In dem Steakhaus in Bochum, in dem die beiden das erste Mal gemeinsam Zeit verbringen, sei ihr schnell klar geworden, dass besondere Herausforderungen auf Marvin warten. Als er sich an diesem Abend zur Toilette entschuldigt, dauerte es außergewöhnlich lange. Kathrin denkt sich zunächst nichts weiter, findet aber später heraus, dass die Toiletten sich im Keller befinden und die Treppe nicht behindertengerecht ist. Marvin kann zwar alleine heruntersteigen, aber nur unter Schmerzen.

Solche Begebenheiten sind für Marvin normal geworden. »Ich kann manchmal nur noch drüber lachen«, erzählt er. Kathrin rege sich oft tierisch über ihre Mitmenschen auf, wenn mal wieder jemand ohne Handicap auf einem Parkplatz für Menschen mit Behinderung parkt, aber er nehme es inzwischen mit Humor. »Es passiert immer wieder«, sagt er, und ich ertappe mich dabei, dass er recht hat. Auch ich habe mich schon öfter auf Behindertenparkplätze gestellt. »War ja nur kurz«, werfe ich ein – und habe ein schlechtes Gewissen. »Das ist der Punkt«, sagt Marvin. »Es sind immer alle nur kurz irgendwo gewesen.« Mir wird klar, dass es Marvins Leben krass beeinflusst, wenn er keinen freien Parkplatz findet, weil es für ihn eben viel beschwerlicher ist, von A nach B zu kommen, als für mich. Marvin kritisiert, dass die Behörden zu lax mit Falschparker:innen umgehen: »Wen interessieren denn die 15 Euro Bußgeld?«, fragt er und regt an: »Man sollte diese Strafen ans Gehalt koppeln.« Dann würden die Leute genauer nachdenken, bevor sie einen Behindertenparkplatz blockieren.

Marvin hat aber auch Verständnis für Menschen wie mich. Er habe früher ähnlich gedacht. »Ich war auf einer Schule für Schwerhörige«, erzählt er. Einmal habe einer seiner Mitschüler gesagt, dass er es schön fände, wenn mehr Menschen Gebärdensprache beherrschen würden, weil er dann besser mit denen kommunizieren könne. »Ich habe sofort gedacht: Moment mal, warum soll sich denn die Mehrheit auf die Minderheit einstellen?« Heute sieht Marvin das anders. Echte Inklusion funktioniert eben nur dann, wenn Nicht-Betroffene ihr Verhalten kritisch(er) hinterfragen und sich auf Betroffene einstellen. Ich gebe Marvin zu 100 Prozent recht und werde mein eigenes Verhalten in Zukunft noch kritischer reflektieren.

Weil ich das Gespräch mit einer guten Freundin von vor wenigen Tagen noch im Kopf habe, spreche ich einen weiteren Aspekt an. »Kathrin, Marvin, jetzt habe ich aber noch eine andere Frage«, beginne ich. »Ich habe mich mit einer Freundin darüber unterhalten, und wir haben festgestellt, dass wir uns nicht so ganz sicher sind, was das Thema Sensibilität angeht. Könnt ihr mir vielleicht sagen, was für Menschen, die eben nicht im Rollstuhl sitzen, die beste Form des Umgangs mit Menschen ist, die im Rollstuhl sitzen? Habt ihr da Handlungsempfehlungen?« Marvin nickt und grinst: »Es gibt tatsächlich eine Sache, die ich immer wieder ertragen muss und die mich echt stört.« Und zwar, wenn Kathrin über ihn befragt werde, obwohl er selber dabei ist. »Die Leute fragen dann, wie es mir geht, oder sagen, dass sie das so toll fänden, wie ich das alles meistere«, erzählt er. »Und du sitzt daneben und denkst dir so: ›Ja hey, ich kann auch selber sprechen.‹« Wenn das Siebzigjährige machen, fände er das okay, aber auch junge Menschen tun es. Marvin ist eines ganz wichtig: Er möchte kein Mitleid. »Mir geht's gut, ich habe mich mit der Situation arrangiert.«

Kathrin nickt und wirft ein: »Also alle Rollstuhlfahrer, die ich kenne, wollen in erster Linie ganz normal behandelt werden. Eine Sonderbehandlung ist für die Betroffenen meistens eher nervig und ja auch außerdem etwas unnötig.« Kathrin erzählt eine Anekdote: »Also ein guter Freund von Marvin und mir ist Rollstuhlfahrer. Er lebt und arbeitet in Frankfurt. Von Geburt an fehlen ihm beide Beine und ein Arm. Und der erlebt das relativ häufig, dass fremde Menschen ihm beispielsweise am Bahnhof an den Rollstuhl greifen und ihn schieben wollen. Und das ist dann ein Punkt, der schon ziemlich übergriffig ist.« Ich nicke.

»Das kann man so ein bisschen vergleichen, wie wenn du jetzt einkaufen gehst, einen Korb in der Hand hältst und jemand im Supermarkt auf dich zugeht und sagt: Meine Güte! Der Korb sieht ja richtig schwer aus – und ihn dir dann einfach ungefragt aus der Hand nimmt. Jemand, der im Rollstuhl sitzt und Hilfe braucht, der wird sich schon bei dir bemerkbar machen«, sagt Kathrin. »Wichtig ist es auch, dass man nicht eingeschnappt ist, wenn man selbst das Gefühl hat, da braucht jemand Hilfe, derjenige dir aber ganz klar sagt: Nein danke, ich möchte keine Hilfe. Ich brauche keine Hilfe.« Das sei ganz wichtig, betont Kathrin.

Apropos Hilfe. »Noch mal zurück zu eurem ersten Date!«, rufe ich. »Hattet ihr denn da überlegt, den Kellner oder jemanden zu rufen und zu fragen, warum es nicht die Möglichkeit gibt, barrierefrei zur Toilette zu gelangen?« – »Nee, in dem Moment habe ich das gar nicht so richtig mitbekommen. Und mittlerweile ...« Kathrin lehnt sich etwas zurück und atmet kurz durch. »... mittlerweile, seit zweieinhalb Jahren, bin ich es manchmal müde, die Hindernisse, die auf uns warten, anzusprechen, denn du hast die Probleme der Barriere-Unfreiheit an jeder Ecke. Das Problem ist einfach: Es gibt in Deutschland keine Vorgaben, wie beispielsweise eine behindertengerechte Toilette gestaltet werden soll, oder dass Geschäfte, Restaurants, Cafés und Büchereien barrierefrei zugänglich sein müssen. Es gibt zwar sogenannte DIN-Normen, das sind allerdings nur Empfehlungen. Aber es gibt keine behördlichen Auflagen, die einen barrierefreien Zugang garantieren müssen. Eine Ausnahme sind da öffentliche Gebäude, die Stadtverwaltung oder das Gesundheitsamt. Aber anders sieht das wieder bei Arztpraxen aus.« Wie bitte? Ich frage nach. Arztpraxen müssen keinen barrierefreien Zugang garantieren?

»Ja. Also wenn ich für Marvin einen neuen Arzt oder einen neuen Physiotherapeuten suche, dann rufe ich da immer zuerst an und frage zuerst telefonisch nach: Haben Sie eine Stufe vor der Tür? Oder einen Aufzug? Gibt es bei Ihnen eine Rampe, die einen barrierefreien Zugang ermöglicht? Lediglich jeder dritte oder vierte Arzt beantwortet diese Frage mit: Ja. Wir haben einen barrierefreien Zugang.« Kathrin dreht sich kurz von der Webcam weg und schaut aus dem Fenster. »Das kann man sich wirklich nicht ausdenken.« Sie dreht sich wieder in Richtung der Kamera und schaut mich jetzt direkt an. »Überleg mal, Lou, das sind ja Fachkräfte, die für die Gesundheit der Menschen da sind. Und wenn die es nicht einmal hinkriegen, eine Rampe zu bauen, ja wer denn sonst?«

Ein weiterer Punkt, der Marvin wichtig ist, ist Selbstbestimmung. »Ich will nicht von Pflegern gepflegt werden, sondern von meiner Frau.« Er wünsche sich, dass die Politik alles möglich mache, dass das weiter so sein könne und dafür die nötigen finanziellen Mittel zur Verfügung gestellt werden.

Auch Kathrin ist mittlerweile richtig in Fahrt gekommen, und ich lausche gebannt ihren Ausführungen, während ich die meiste Zeit nicke. Mir fällt auf, das Kathrin nicht wirklich nachdenken muss, um weiterzusprechen. Egal über welches Thema wir gerade reden, sie hat in Sekundenschnelle eine Geschichte parat. Fast wirkt es so, als könnte man ihr ein Stichwort geben und ihr fällt sofort eine passende Anekdote dazu ein, die aufzeigt, an welcher Stelle ihr das Leben mit Marvin erschwert wird. Mittlerweile sprechen wir seit über einer Stunde und kommen vom Thema »Erreichbarkeit von Arztpraxen« auf das nächste Problem: den Straßenverkehr. Kathrin holt tief Luft. Es folgt wieder eine passende Anekdote.

Sie erklärt, dass Marvin regelmäßig nachweisen muss, dass er als Rollstuhlfahrer in der Lage ist, am Verkehr teilzunehmen. Die entsprechende Untersuchung hierfür kostet ihn um die 150 Euro. Die Kosten müssen von ihm selbst übernommen werden. Marvin hat einen persönlich zugewiesenen Rollstuhlparkplatz vor ihrer gemeinsamen Haustür, allerdings sei dieser ziemlich oft besetzt. Viele Autofahrer:innen hätten zwar gar nicht vor, dauerhaft auf seinem Parkplatz zu stehen, sondern eben ›nur kurz‹. Aber dass dieses »nur kurz mal den Parkplatz belegen« dazu führt, dass der Platz eigentlich dauerhaft besetzt sei, das sehe niemand. »Ich wollte doch nur kurz …«, das hört Kathrin fast jede Woche, wenn sie mit Marvin auf ihren Parkplatz fahren will. »Klar«, sagt sie, »für diese Menschen mag das vielleicht eine Ausnahme sein und eben ›nur kurz‹, aber wir haben in Deutschland über 83 Millionen Einwohner und nur ungefähr 7 Millionen Rollstuhlfahrer.

Wenn jede:r von diesen 83 Millionen jetzt sagt: Ich warte hier nur ganz kurz, bekommst du einfach sehr schnell eine Krawatte. Und auf Dauer resignierst du.«

Ich möchte von Kathrin wissen, was sie der Politik mit auf den Weg geben will. Ihre reflexhafte Antwort lautet: »Puh, gute Frage. Was nehme ich denn jetzt?« Denn für sie und Marvin lauern die Probleme und die Einschränkungen fast überall. Es fällt ihr schwer, da eine konkrete Sache zu benennen, bei der die Politik nachrüsten müsste – einfach, weil es zu viele sind. Auch Dinge, die auf den ersten Blick leicht und für andere alltäglich erscheinen, wie Bahnfahrten und Konzertbesuche, werden für sie zu einem Hindernis, die oftmals eine besondere Vorbereitung brauchen.

Kathrin ist es wichtig, dass es verpflichtend sein sollte, zu jedem öffentlichen Gebäude einen barrierefreien Zugang zu schaffen. Dass dies nicht bei jedem Wohnhaus der Fall sein kann, ist ihr absolut klar, trotzdem gibt es dazu kaum bis keine Signale aus der Politik. Ein weiterer wichtiger Punkt für sie ist, dass sie und Marvin seitens seiner Krankenkasse einen vermehrten finanziellen Ausgleich bekommt. Fast schon beiläufig erzählt Kathrin, dass Marvin für seine sportlichen Tätigkeiten ein neues, spezielles Handbike benötigt. Die zuständige Krankenkasse will allerdings nichts weiter beisteuern. In der Argumentationslogik der Krankenkasse schlussfolgert Kathrin, dass Rollstuhlfahrer offensichtlich kein Anrecht darauf haben, Sport machen zu können.

Die Krankenkasse verwies auf einen kleinen Elektroantrieb, den Marvin an seinem Handbike hat. Dieser reiche aber nur für die Erschließung des Nahbereichs aus, sagt Kathrin. Die Tatsache, dass Sport vital und fit hält, wird in der von der Krankenkasse aufgestellten Rechnung nicht berücksichtigt. Kathrin und ich sprechen noch lange weiter. Es ist ein ausgiebiger, intensiver Austausch über ein Deutschland, das Menschen mit einer Behinderung nicht dieselben Möglichkeiten bietet, am öffentlichen Leben teilzunehmen, wie Menschen ohne eine Behinderung. Und auch ich habe das Gefühl, oftmals die Augen zu verschließen, wenn es um das Thema barrierefreies Deutschland geht. Und dass auch ich Teil der Misere bin, wenn ich mich egoistisch auf einen Parkplatz stelle, der nicht für mich gedacht ist. Für mich steht spätestens nach diesem Gespräch fest: Wir brauchen eine neue Sensibilität für inklusive Themen in Deutschland. Denn, so resümiert Kathrin am Ende: »Er hat es sich ja nicht ausgesucht, im Rollstuhl zu sitzen.«

»Ich habe nicht das Gefühl, in der Politik repräsentiert zu sein«, sagt Marvin. »Ich wüsste in der Politik niemanden, der auf meine Bedürfnisse Rücksicht nimmt.« Es sei total wichtig, dass Menschen mit Reichweite sich dieser Themen annehmen und ihnen eine Plattform verschaffen. »Egal, ob die ein Handicap haben oder nicht.« Ich habe den Wink mit dem Zaunpfahl verstanden.

4. THEMENKOMPLEX:

MIGRATION UND FLUCHT

Beim Thema Chancen(un)gleichheit erinnere ich mich sofort an ein Gespräch mit einer jungen Frau aus meinem Heimatort, das ich vor einigen Jahren geführt habe: »Ich habe doch gar nicht die Chance, mich hier zu integrieren, die wollen mich hier doch alle nicht, weil ich anders bin.« Sie war aus Syrien geflüchtet.

Menschen müssen jeden Tag aus ihrer Heimat fliehen. Die Gründe sind vielfältig: Krieg, Bürgerkrieg, Verfolgung, Auswirkungen der Klimakrise, Armut, fehlende Arbeitsmöglichkeiten und keine berufliche Perspektive. Ich in meiner gemütlichen Wohnung in Berlin-Mitte kann nur schwer erahnen, was es bedeuten muss, nicht nur die eigenen vier Wände, sondern das ganze soziale Umfeld hinter sich – und damit buchstäblich alles zurückzulassen. Und wie beschwerlich es sein muss, in einem fremden Land ein neues Leben anfangen zu müssen. Ein Leben, in dem geflüchtete Menschen gegen Vorurteile kämpfen müssen. Wenn die junge Frau, von der ich gerade erzählt habe, neue Menschen kennenlernt, lässt sie ihr Herkunftsland und die Flucht bewusst weg. Einfach, weil sie ein bisschen mehr als Deutsche akzeptiert – und nicht als Migrantin abgestempelt werden will.

Als Migrant:innen bezeichnet man Menschen, die ihren Lebensmittelpunkt längerfristig über eine größere Entfernung und eine Grenze hinweg, also von einem Dorf in die nächste Stadt, innerhalb verschiedener Landesteile oder über Staatsgrenzen, verlegen.[1] Es gibt keine allgemein anerkannte Definition, wie groß die Entfernung und wie lange der Zeitraum sein muss, um von Migration zu sprechen. Einen Richtwert bietet die Definition der Vereinten Nationen, die Migration als »Wohnsitznahme« in einem anderen Land mit einer Dauer von mehr als drei Monaten (Kurzzeitmigration bzw. temporäre Migration) oder mehr als einem Jahr (Langzeit- bzw. dauerhafte Migration) fasst.[2]

Migration ist ein wesentlicher Teil der Geschichte der Menschheit – und damit auch der deutschen Historie. Motive für einen dauerhaften Ortswechsel gibt es viele: beispielsweise die Aussicht auf bessere Möglichkeiten, sich ein Leben aufzubauen, also Arbeit und Wohnraum zu finden. Auch die Suche nach Sicherheit wegen kriegsbedingter Flucht und Vertreibung, Schutz vor Diskriminierung, weil man wegen der eigenen ethnischen Herkunft, Religion oder Weltanschauung oder sexuellen Orientierung verfolgt wird, oder aufgrund anderer Einschränkungen der persönlichen und gesellschaftlichen Freiheit können Gründe für eine Migration sein. Dazu kommen Naturkatastrophen und die Folgen der globalen Erwärmung, wie bereits im Kapitel über die Klimakrise angesprochen.

Aufgrund vieler Gespräche, die ich mit den unterschiedlichsten Menschen im Internet oder im Bekanntenkreis geführt habe, weiß ich, dass oft ein bestimmtes Bild im Kopf entsteht, wenn wir über Migration und Migrant:innen sprechen. Meist ein Vorurteil, das wir bewusst oder unbewusst reproduziert haben, ohne uns mit den Migrationsgründen des einzelnen Menschen zu befassen. Ist jemand aufgrund der politischen Situation in seinem Heimatland hierhergekommen? Oder weil er sich hier bessere Arbeitsmöglichkeiten erhofft? Oder wegen etwas ganz anderem? Ich finde es wichtig, dass wir uns immer vor Augen führen, dass Migration nichts Ungewöhnliches, sondern ein Prozess ist, den es immer gab und unser heutiges Zusammenleben und die Art, wie wir leben, immer noch prägt. Im folgenden Abschnitt möchte ich einen historischen Abriss über Migration in Deutschland geben. Dabei möchte ich betonen, dass wann immer wir von »die Migrant:innen« sprechen, uns klar sein muss, dass das Deutschland, wie wir es heute kennen, auch von Menschen aus anderen Ländern und Kulturkreisen mit aufgebaut wurde – und ohne sie vermutlich ganz anders aussehen würde.

Machen wir einen Sprung zurück in die zweite Hälfte des 19. Jahrhunderts. Ob in den einzelnen deutschen Staaten oder vor allem im 1871 gegründeten Kaiserreich: Migration gab es schon damals.[3] Hunderttausende Arbeitnehmer:innen zogen aus strukturschwachen Regionen in die Zentren der industriellen Entwicklung wie das Ruhrgebiet. Auch die für Einheimische oft unattraktive saisonale Beschäftigung in der Landwirtschaft führte früh dazu, dass Landarbeiter:innen aus dem Ausland angeworben wurden. Dieses System gibt es bis heute: Viele Erntehelfer:innen, die in Deutschland bei der Spargel- oder Erdbeerernte im Einsatz sind, kommen aus Rumänien, Polen oder Georgien. Auch große Infrastrukturprojekte im Kanal- und Eisenbahnbau konnten damals nur dank zusätzlicher Bauarbeiter:innen aus Italien oder den Niederlanden umgesetzt werden. Die Zahl der registrierten Migrant:innen im Deutschen Reich ist bis 1910 von ca. 200.000 auf etwa 1,3 Millionen gestiegen. Allerdings geriet die europäische Arbeitsmigration nach Deutschland in den Kriegsjahren zunehmend unter staatliche Kontrolle. Die deutsche Niederlage nach dem Ersten Weltkrieg bedeutete nicht nur das Ende des Kaiserreichs, sondern auch Gebietsverluste, zum Beispiel zugunsten der neu entstandenen Staaten Polen und Tschechoslowakei. In der Folge kamen über eine Million Menschen in das wirtschaftlich, politisch und gesellschaftlich mitgenommene Land. In der Weimarer Republik wurde die polnische Arbeitsmigration nach Deutschland zunehmend kontrolliert, Grenzkontrollen wurden ausgeweitet, Menschen zur Rückreise gezwungen.

Während der Nazi-Herrschaft gelangte eine besondere Form der Migration zu einem traurigen Höhepunkt: die unfreiwillige Zwangsmigration. Über 25.000 politische Emigrant:innen flohen nach 1933 aus Deutschland, um der Verfolgung zu entgehen. Auf immer krassere Weise diskriminiert verließen etwa 300.000 jüdische Deutsche das Land; berücksichtigen wir dazu noch die jüdischen Geflüchteten aus Österreich und dem Sudetenland nach dem Anschluss – also dem Einmarschieren der Wehrmacht – ihrer Heimat an das Dritte Reich, so muss man vermutlich von der doppelten Zahl ausgehen. Mehr als 150.000 jüdische Deutsche, die im Land geblieben sind, sind ab 1941 systematisch in die eroberten osteuropäischen Gebiete, vor allem Polen, deportiert worden. Viele sind in den Vernichtungslagern der Nazis ermordet worden. Von der einheimischen Bevölkerung dieser Gebiete sind etwa neun Millionen Menschen vertrieben worden – um Platz für etwa eine Million »Volksdeutsche« zu machen, die dorthin umgesiedelt werden sollten.[4] Insgesamt wurden etwa sechs Millionen jüdische Menschen aus ganz Europa in Konzentrations- und Vernichtungslagern ermordet. Dazu kamen eine halbe Million Sinti und Roma, politische Gefangene und Homosexuelle. Nicht vergessen werden dürfen die gut acht Millionen Zwangsarbeiter:innen aus ganz Europa, die unter oft menschenunwürdigen Umständen in deutschen Fabriken, in der Landwirtschaft und im Bergbau schuften mussten.[5] Ein Fakt, den wir, wenn wir von Migration in Deutschland und der deutschen Geschichte sprechen, unbedingt erwähnen müssen.

Wie ging es weiter? Nach dem Ende des Zweiten Weltkrieges

befanden sich in Deutschland zehn bis zwölf Millionen sogenannte
»Displaced Persons«, grob übersetzt: Heimatvertriebene. Überwiegend waren diese Menschen Überlebende der Konzentrations-
lager und Kriegsgefangene, von denen der Großteil noch während
des Jahres 1945 umgesiedelt oder rückgeführt wurde. Das von den
Alliierten besetzte Deutschland der unmittelbaren Nachkriegszeit
bestand aus einer Gesellschaft, die ständig in Bewegung war.

Zwar war das frühe Nachkriegsdeutschland tief von Zwangsmigration geprägt, allerdings wanderten zwischen 1946 und 1961
knapp 800.000 Deutsche aus, die Hälfte davon in die USA. Die
Teilung in West- und Ostdeutschland sorgte für eine Migrations-
bewegung innerhalb des Landes. Bis zum Bau der Berliner Mauer
1961 zogen insgesamt etwa 3,1 Millionen Menschen aus der DDR
in die Bundesrepublik und etwa 500.000 Menschen von West nach
Ost. Die Aufnahme der »DDR-Flüchtlinge« war in der Öffentlichkeit nicht unumstritten und wurde zu einem regelrechten Poli-
tikum. So wurde ihnen unterstellt, sie seien keine »echten«, das
heißt politischen Geflüchteten, sondern aus wirtschaftlichen
Gründen nach Westdeutschland gekommen. Es gab also schon
in der Frühzeit der Bundesrepublik migrationsbezogene Dis-
kussionen (»Wirtschaftsflüchtlinge«), die sich anfangs gar nicht
gegen »Migrant:innen« richteten.

An dieser Stelle lautet natürlich auch die Frage: Wie genau ging
die deutsche Politik mit diesen neuen Herausforderungen um?
Denn hier gab es ja jetzt die Chance, sich als Staat zu beweisen!
Mit neuen Maßnahmen-Paketen und einem richtig guten Plan
für eine gemeinsame Zukunft! Aber, auch wenn wie bereits anfangs angesprochen Migration ein wesentlicher Teil unserer deutschen Geschichte ist, ging es in einer politischen Debatte zunächst erst einmal eine ganze Zeit ganz grundsätzlich darum,
ob Deutschland jetzt ein Einwanderungsland ist oder eben

nicht. Mit klarer Tendenz in eine Richtung: Nein, Deutschland ist kein Einwanderungsland. Wenn Politiker:innen in den Sechziger- und Siebzigerjahren im Bundestag den Begriff des Einwanderungslands verwendeten, meinten sie damit entweder andere Staaten oder begründeten, warum Deutschland eben kein Land für Migrant:innen ist.[6] Chance vertan, könnte man meinen. Die Frage, wie Deutschland in Zukunft mit ankommenden Migrant:innen umgehen sollte und wie eine gelungene Integrationspolitik aussehen könnte, wurde einfach nicht gestellt. Stimmen aus Politik und Wirtschaft, die schon früh darauf hinwiesen, wie wichtig eine aktive Integrationsförderung für die Zukunft unseres Landes ist, wurden mehrheitlich ignoriert und nicht angehört.[7]

Allein die Tatsache, dass über die Frage, ob Deutschland ein Einwanderungsland ist oder nicht, ewig lange gestritten wurde, zeigt das Problem: Das Thema ist viele Jahre von den politischen Entscheider:innen nicht ernst genug genommen worden. Woran das liegt, ist schwer zu sagen. Ich kann mir gut vorstellen, dass es – wie so oft – keinen Dialog mit Betroffenen gegeben hat und über sie statt mit ihnen gesprochen worden ist. Die Probleme von heute gab es also schon damals. Immerhin wissen wir heute, dass die Bundesrepublik im Laufe der Jahre zwar zu einem Einwanderungsland geworden ist. Auch wenn viele politische Reformen noch lange fehlten.[8] Erst 2005 ist ein neues Ausländer- und Asylrecht in Kraft getreten, das sogenannte Zuwanderungsgesetz. Mit diesem Gesetz wurde Integration zum ersten Mal die gesetzlich festgelegte Aufgabe des Staates. Das muss man sich mal vorstellen: vor gerade einmal 16 Jahren! Das müssen wir immer bedenken, wenn wir über Migration in Deutschland sprechen. Teil des Gesetzes war, dass das Bundesamt für die Anerkennung ausländischer Flüchtlinge (BAFI) zum Bundesamt für Migration und Flüchtlinge (BAMF) wurde. Dieses neue Amt hatte es zur Aufgabe, Integrationsförderung voranzutreiben.

Mit dem Zuwanderungsgesetz wurden jetzt auch erstmalig Integrationskurse angeboten, die bis heute aus einem Sprachkurs im Umfang von insgesamt 600 Stunden und einem 100-stündigen Orientierungskurs bestehen. Gelehrt werden Kenntnisse zur Geschichte, Kultur und Rechtsordnung Deutschlands. Neben den bundespolitischen Maßnahmen gibt es Integrationspolitik auch in den einzelnen Bundesländern, Städten und Gemeinden. Jedes Bundesland hat mittlerweile eigene Integrationskonzepte beziehungsweise entsprechende Leitlinien herausgearbeitet.[9] Auch zahlreiche Kommunen verfügen inzwischen über eigene Integrationskonzepte, die allesamt ein Ziel haben: die Herausforderung von Migration und Integration bestmöglich zu lösen. Denn im Endeffekt ist es ja unsere gesamte Gesellschaft, die von einer gelungenen und erfolgreichen Migrationspolitik profitiert!

Nach all diesen Informationen ist es jetzt wieder an der Zeit zuzuhören. Und zwar den Menschen, die uns ihre Geschichten erzählen. Auf meiner digitalen Deutschlandreise durfte ich einen Stopp am Küchentisch von Ghazal einlegen, die mir von ihrer Kindheit in einem Flüchtlingsheim berichtete. Ich trank mit Özlem Tee und sprach mit ihr über ihren Opa, der als Gastarbeiter nach Deutschland kam. Und ich nahm bei Ali und Familie Möser Platz, die mir in einem sehr emotionalen Gespräch beschrieben, wie nervenaufreibend das Verfahren eines Asylantrags ablaufen kann.

4.1 GHAZAL UND IHR WEG VOM FLÜCHTLINGSHEIM ZUM SPORTBUND

»Flüchtling« – ein oft gebrauchtes Schlagwort, das auch Ghazal nur allzu gut kennt. Ihre E-Mail an mich war eher kurz, aber dafür sehr prägnant. Der Inhalt: »Eine Freundin von mir schickte mir den Link von deinem Aufruf auf Instagram und schrieb mir dazu: ›Hey, Ghazal, du könntest doch eine Menge Geschichten erzählen.‹ Und ja, ich denke, das kann ich.«

Und so sitzen wir uns jetzt also digital gegenüber. Ghazal ist 25 Jahre alt und lacht viel, wenn sie spricht. Ihr Fachabitur hat sie mit dem Notendurchschnitt 1,3 bestanden, danach folgte ein Sportstudium. Jetzt ist sie Landestrainerin beim Schwäbischen Turnerbund und bildet Turner:innen am Olympiastützpunkt in Stuttgart aus. Eine sportliche Karriere, deren Ende noch gar nicht abzusehen ist und auch etwas unwirklich klingt, wenn Ghazal ihre bewegende Lebensgeschichte erzählt. Denn die beginnt nicht in Stuttgart, sondern in Teheran. Dort kommt sie als einziges Kind ihrer Eltern zur Welt, ihre Mutter ist bei ihrer Geburt gerade einmal 19 Jahre alt. Ghazals Vater kämpft mit psychischen Problemen und die Familie fühlt sich im repressiven Iran, vor allem mit der kleinen Tochter, nicht mehr sicher. Ghazals Mutter will studieren und einen Führerschein machen. Aber als Frau im Iran ein Wahlfach studieren – das ist damals noch schwieriger als heute. Geistliche sehen im Bildungsaufstieg von Frauen eine Gefahr für die Gesellschaft und ab dem Jahr 2012 wurden im Iran in 77 Studiengängen keine Frauen mehr zugelassen.[10] So kommt es, dass die junge Familie sich 1999 zur Flucht entscheidet. Damals ist Ghazal drei Jahre alt. Eine andere Option, beispielsweise eine reguläre Ausreise mit einem Visum oder Ähnlichem, hat es für die Familie nicht gegeben, sagt Ghazal und schüttelt auf meine Nachfrage ihren Kopf. »Die Sache ist die: Der Iran ist ja kein demokratischer Staat, wo die sagen: Okay, Sie möchten weg? Dann lassen wir Sie natürlich gehen.« Diese Aussage haut mich schon mal um. Denn für uns in Deutschland ist es ja relativ selbstverständlich, dass wir in einem demokratischen Staat leben. Umso verständlicher muss es also doch gerade für uns privilegierte Bürger:innen sein, dass andere Menschen ihr Heimatland verlassen wollen, weil sie in einem Staat leben, der ihnen nicht alle Freiheiten gibt, die wir beispielsweise haben. Da sie nicht regulär ausreisen können, organisiert Ghazals Mutter gefälschte Pässe. Die fallen den deutschen Zollbeamten allerdings sofort auf und so wird die Familie am Frankfurter Flughafen festgenommen. Die nächste unfreiwillige Station der Reise ist ein Flüchtlingsheim in Langenfeld im Rheinland. Die Wohnung, in der sie viele Jahre ihrer Kindheit und Jugend verbracht hat, hat Ghazal noch lebendig vor Augen. Sie kann ihre Wohnsituation genau beschreiben. »Wir haben zu dritt in einem Zimmer gelebt. Und das kleine Zimmer war nur teilmöbliert. Sonst gab es dort nichts.« Die kleine Familie muss das Gemeinschaftsbad und die Gemeinschaftsküche der Flüchtlingsunterkunft nutzen. Viele der dort untergebrachten Menschen sind infolge ihrer Flucht traumatisiert, bekommen aber keinerlei psychologische Hilfe oder Betreuung. Dazu kommt die Lage der Unterkunft: Die nächste Stadt mit einer Einkaufsmoglichkeit ist weit entfernt. Busse fahren keine. Aber auch in der Unterkunft sieht es nicht besser aus. »Die Zustände dort waren katastrophal«, sagt Ghazal und beschreibt detailreich, dass sie in ihrem Zimmer Klebestreifen aufhängen mussten, um die Kakerlaken von den Betten fernzuhalten. Sie berichtet von Ratten, die über die Flure huschen und denen sie als Kinder Fallen gestellt haben. Eine Flüchtlingsunterkunft in Deutschland: definitiv kein Ort zum Wohlfühlen. Trotzdem spricht Ghazal nicht abfällig darüber, sie beschreibt die Situation von damals relativ nüchtern. Als junge Frau sei sie später noch mal zu dem Ort ihrer Kindheit gefahren, erzählt sie, einfach um sich das Ganze noch einmal mit etwas Abstand anzuschauen.

In Deutschland erhält die Familie zunächst nur ein geduldetes Aufenthaltsrecht und muss alle drei Tage zum Kreis Mettmann fahren, um eine neue Duldung zu beantragen. Diese neue Duldung gelte dann aber immer nur für eine Woche, sagt Ghazal.

So ist die junge Familie direkt von Anfang an im bürokratischen Dauerstress. Und das in einem fremden Land.

Als ob die schwierigen Zustände in der Flüchtlingsunterkunft und der Kampf um eine sichere Bleibe nicht schon zermürbend genug wären, kommt ein weiterer Faktor dazu: Ghazals Vater wird gegenüber ihrer Mutter gewalttätig. Ghazal erinnert sich daran, dass das Zimmer verwüstet ist, wenn sie vom Spielen mit Freundinnen zurück in die Wohnung kommt. Ihre Mutter macht sich mit ihr auf den Weg in verschiedene Frauenhäuser. Vor der Laptop-Kamera zählt Ghazal die einzelnen Frauenhäuser auf, in denen sie mit ihrer Mutter maximal drei Wochen bleibt: Leverkusen, Neuss, Düren. »Daran erinnere ich mich noch sehr gut«, sagt sie mit ernstem Blick. Aber da sie auch in diesen Häusern nicht dauerhaft unterkommen können, kehren sie immer wieder ins Flüchtlingsheim und auch zum Vater zurück. Eine extreme Stresssituation. Einen Weg in die Unabhängigkeit, beispielsweise durch eine eigene Arbeitsstelle und eigens verdientes Geld gibt es nicht, da Ghazals Mutter nicht arbeiten darf. Das Flüchtlingsheim stellt ihnen lediglich ein wenig Taschengeld und Pakete mit Essen zur Verfügung: Fladenbrot, Milch »und Wasser in Tetrapacks«, wie Ghazal erzählt. Die neue Heimat, sie wird nach und nach zur Belastung. Im Gespräch bringt es Ghazal kurz und bündig auf den Punkt: »Bis ich 18 war, war das Leben wirklich furchtbar.« Aber ihre Mutter hört nicht auf zu kämpfen. Sie sucht sich Arbeit und fängt in der Flüchtlingsunterkunft als Reinigungskraft an. Und hier lernt sie eine Frau kennen, die für sie und ihre Tochter in den nächsten Jahren sehr wichtig wird.

Die Frau ist eine Mitarbeiterin in der Unterkunft und fragt Ghazals Mutter, ob sie sich nicht vorstellen könne, auch bei ihr zu arbeiten. Ghazals Mutter kann und reinigt nun auch dort. Da sie nicht will, dass Ghazal alleine im Flüchtlingsheim bleibt, nimmt sie sie regelmäßig mit zu ihrer neuen Arbeitsstelle. Die Frau, der

Ghazal am Anfang noch skeptisch gegenübersteht, sieht in ihr eine Art neue Lebensaufgabe: »Die hat total ihr Mindset verändert, ich glaube, die war irgendwie in mich verliebt«, sagt sie heute. »Diese Frau ist mit uns in alle Frauenhäuser mitgefahren, hat uns Klamotten gebracht und hat sich total um meine Mama gekümmert. Das war schön, wie sie uns geholfen hat. Das war die einzige Person, die für uns da war und uns geholfen hat.« Ganz gleich ob Kindergeburtstage, Umzüge oder der Fahrservice zu Ghazals Turntraining. Die Arbeitgeberin ihrer Mutter ist immer zur Stelle und kümmert sich. Für Ghazal eine Erfahrung, für die sie bis heute dankbar ist.

Und auch die Situation um das Bleiberecht verbessert sich. Nach vielen Duldungen wird Ghazal und ihrer Mutter zunächst ein befristeter Aufenthalt gewährt.

Ihre Mutter muss Deutsch- und Computerkurse belegen und fängt eine Ausbildung an. Mittlerweile arbeitet sie als Krankenschwester und leitet eine eigene Station. Ghazal besucht die Schule – auch um ihr Bleiberecht nicht zu verlieren. Ich will von ihr wissen, ob sie das Gefühl hatte und hat, teilweise anders als die anderen behandelt zu werden. Gerade wenn klar ist, wo sie groß geworden ist. »Na ja«, meint Ghazal und räuspert sich. »Es gab in der Schule schon ganz oft Vorfälle, wo die Kinder nicht mit mir spielen durften oder es auch mal hieß: scheiß Flüchtlinge.«

Diese und viele andere Erfahrungen, die sie in der Vergangenheit machen musste, prägen sie bis heute. Mittlerweile arbeitet sie als Turntrainerin und weiß, dass sie in dieser Funktion »ihre« Turnkinder auch immer ein Stück weit miterzieht. »Die kommen jeden Tag und trainieren 24 Stunden in der Woche. Jeden Tag drei bis vier Stunden. Wir sind viel bei Wettkämpfen unterwegs und ich habe natürlich als Trainerin massiven Einfluss auf die Kids.« Eine Chance, die Ghazal nutzen will. Um Werte zu vermitteln. »Was ich versuche, ihnen mitzugeben, ist Dankbarkeit. Schon bei Kleinigkeiten. Also wenn ein Kind von einem Elternteil zur Turnhalle gefahren wird, aussteigt und einfach so die Autotür zuknallt, ohne sich zu bedanken, nehme ich das Kind an die Seite und sage, dass das so nicht geht. Ich will eben vermitteln, dass es nicht selbstverständlich ist, dass Eltern einen hier mit einem Auto hinbringen. Ich will sehen, dass sie sich bedanken.« Ob Ghazal in diesen Momenten wohl an die Frau denkt, die sie selbst so oft zum Training gefahren hat, als sie noch ein Kind war und in der Flüchtlingsunterkunft gelebt hat? Möglich wäre es allemal.

Heute würde sich Ghazal vor allem wünschen, dass die Menschen mit dem Schlagwort »Flüchtling« reflektierter und mit den Menschen dahinter vorurteilsfreier umgehen. Und dass vor allem die Not und das Leid, welche hinter den Geschichten der einzelnen Menschen stecken, verdeutlicht werden. Sie sagt, es müsse viel klarer aufgezeigt werden, wie schlimm die Zustände in manchen Ländern seien. Und dass diese schlimmen Zustände in nicht-demokratischen Staaten der eigentliche Grund für die Strapazen seien, die Menschen auf sich nehmen würden, nur um in ein anderes Land zu kommen. Ich halte kurz inne: Das klingt mehr als logisch für mich.

»Ein Freund von mir ist mit dem Schlauchboot nach Deutschland gekommen«, erzählt Ghazal. »Der hat das sicher nicht gemacht, weil er sich dachte: Oh, cool, Partyleben in Deutschland!« Sie setzt nach. »Und Lou, wenn du mich so fragst, dann will ich, dass die Menschen viel mehr dafür sensibilisiert werden, dass Menschen, die eine Flucht versuchen, wirklich in einer Notlage sind. Und ich wünsche mir auch, dass jeder, der in Deutschland ankommt, eine Arbeitserlaubnis bekommt. Es kommen so viele Akademiker über Fluchtwege in dieses Land, die dem deutschen System helfen könnten. Ich finde, die muss man alle irgendwie einbinden.«

4.2 GASTARBEIT UND EINWANDERUNG

Die Menschen in unser Land einbinden. Eine wunderbare Idee von Ghazal für ein besseres Morgen, von dem wir alle profitieren. Das Thema Flucht und Migration ist in der Europäischen Union und in Deutschland seit einigen Jahren wieder höchstaktuell. Und an den Stammtischen unseres Landes haben viele ihre ganz eigene Meinung dazu, die sie lautstark äußern – und dann nicht mehr nur auf die Stammtische beschränken. Ich finde, wenn wir über Flucht und Migration sprechen, müssen wir auch einen Blick zurückwerfen, um danach umso klarer nach vorne schauen zu können. Und dann sehen wir, dass Migration – hier konkret in Form der sogenannten Gastarbeit – ein fester Bestandteil der deutschen Geschichte ist. Und zwar der ost- wie der westdeutschen.

In der DDR hießen die von außen angeworbenen Arbeitskräfte »Vertragsarbeiter«. Man brauchte sie, um den Fachkräftemangel auszugleichen, der nicht zuletzt eine Folge einer anderen Migration war: der schon erwähnten Flucht von DDR-Bürger:innen in den Westen, die erst mit dem Mauerbau gestoppt wurde. Die Menschen kamen aus »sozialistischen Bruderländern«, zum Beispiel aus Polen und Ungarn, aber auch aus Kuba, Vietnam und Mosambik. Eine echte gesellschaftliche Integration fand kaum statt, sie war von vornherein auch nicht angedacht und die Arbeitsverträge waren befristet. Viele Vertragsarbeiter:innen kehrten wieder in ihre Herkunftsländer zurück, manche blieben auch nach der Wiedervereinigung in Deutschland.[11]

In der Bundesrepublik wurden im Zuge des sogenannten Wirtschaftswunders händeringend immer mehr Arbeitnehmer:innen gesucht, die auf dem inländischen Markt nicht mehr zu finden waren. Die Politik handelte und schloss am 20. Dezember 1955 mit Italien das erste Anwerbeabkommen ab. Es folgten

Abkommen mit Griechenland und Spanien (1960), der Türkei (1961), Marokko (1963), Portugal (1964), Tunesien (1965) und Jugoslawien (1968). Und als schließlich mit dem Mauerbau der Zustrom von ostdeutschen Arbeitskräften endete, die jetzt nicht mehr im Westen arbeiten konnten – wir sehen, dieser Austausch lief in beide Richtungen –, war die Anwerbung von außerhalb noch dringlicher geworden. Im Jahr 1964 wurde schließlich der millionste Gastarbeiter aus Portugal vom Bundesinnenminister feierlich begrüßt und erhielt als Geschenk ein Motorrad[12] – vielleicht kennt ihr das entsprechende Bild dazu ja. Die Bundesrepublik ging wie die meisten Gastarbeiter:innen selbst in der Regel von einem befristeten Aufenthalt aus.

Viele Arbeitskräfte machten sich mit wenig Informationen über das Ziel auf den Weg und erlebten bei ihrer Ankunft in Deutschland einen ersten Schock. Ihnen wurden lediglich einfache Holzbaracken in der Nähe ihrer Arbeitsstellen bereitgestellt, Integrations- oder Sprachkurse gab es nicht. Zwar versuchte man mit Lehrfilmen, den Gastarbeiter:innen die deutschen Lebensgewohnheiten nahezubringen, das war es aber auch schon weitgehend mit den Bemühungen. Vielmehr waren die Gastarbeiter:innen gefordert, Sprachprobleme, die fremde Umgebung, die zum Teil ungewohnte Arbeit sowie die aufeinandertreffenden unterschiedlichen Mentalitäten zu meistern. Eine lange Zeit blieben die Lebens- und Arbeitsbedingungen der Zuwanderer:innen sehr bescheiden. Zum überwiegenden Teil kamen sie zunächst alleine, ihre Familienangehörigen blieben in der Heimat. Das Ziel der meisten von ihnen war es, einen großen Teil ihres Verdiensts nach Hause zu schicken oder zu sparen, um sich in ihrem Heimatland später eine bessere Existenz aufbauen zu können. Sie waren viel eher als die deutschen Arbeiter:innen bereit, körperlich schwere Arbeit und solche im Dienstleistungs- und Niedriglohnsektor zu verrichten.

1973 führte die sich abzeichnende Wirtschafts- und Energiekrise zum Anwerbestopp. Diese Maßnahme hatte zur Folge, dass Arbeitsverhältnisse mit Arbeiter:innen aus den Anwerbestaaten zwar fortbestanden, aber keine neuen mehr geschlossen wurden. Auf offiziellem Wege gab es für Menschen aus der Türkei, Griechenland, Portugal, Spanien oder Jugoslawien nur noch die Möglichkeit der Familienzusammenführung, um nach Deutschland einzuwandern und dauerhaft zu bleiben. Und genau das passierte: Viele Gastarbeiter:innen begannen jetzt, ihre Familien nachzuholen und sich auf eine längere Zeit in der Fremde einzurichten. Bis heute spielen die Gastarbeiter:innen und ihre Kinder eine große Rolle in der deutschen Wirtschaft. Ohne sie wäre das demografische Problem in Deutschland wesentlich größer. Hatten noch 70 Prozent der ersten Generation von türkischen Gastarbeiter:innen keine abgeschlossene Berufsausbildung, sind es bei ihren Kindern nur noch 30 Prozent. Regionen, die in den 1960er-Jahren viele Gastarbeiter:innen aufnahmen, profitieren wirtschaftlich noch heute von ihnen.[13]

4.3 »MANCHMAL HABE ICH DAS GEFÜHL ZU SCHWEBEN«. GASTARBEITERKIND ÖZLEM ZWISCHEN DEN GENERATIONEN

Von der Gastarbeit ihres Opas hat auch Özlem profitiert. Sie ist mir aus einem kleinen Dorfe bei Hildesheim in Niedersachsen zugeschaltet. In ihrer E-Mail schrieb sie, sie »sei jetzt nicht so die typische Türkin, die man so in der Gesellschaft erwartet«, und ich war gespannt darauf, sie kennenzulernen. Özlem hat einen modischen Kurzhaarschnitt und ist im Gespräch sehr aufgeschlossen. Sie erzählt von ihrem Opa, der der ersten Generation von Gastarbeiter:innen angehörte. Sie habe sich ein paar Notizen gemacht, sagt Özlem und schaut kurz auf einen kleinen Block vor sich. Ihr Großvater kam 1973 nach Deutschland. Zusammen mit seinem Cousin reiste er aus Antalya an. »Nur mit einem Koffer«, wie Özlem betont. Sie berichtet davon, dass er damals eine offizielle Einladung erhielt, um in Deutschland als Gastarbeiter tätig zu sein. Im deutschen Konsulat in Istanbul musste er zunächst einen Gesundheitscheck machen, den Özlem als sehr rabiat beschreibt. Die Möglichkeit, in Deutschland zu arbeiten, kommt ihrem Großvater sehr gelegen, denn er kämpft in seiner Heimat um das wirtschaftliche Überleben. Özlem reibt sich kurz die Schläfen und fasst dann die Motivation ihres Großvaters, die Reise nach Deutschland anzutreten, zusammen: »In der Türkei war das halt damals so: Entweder du hast gearbeitet oder du hattest Pech. Es gab und gibt in der Türkei nicht so ein Sozialsystem wie in Deutschland. Entweder du hast irgendwie Geld verdient oder du bist eben verhungert.« Ihr Großvater will also weg und anpacken, wo er kann. Er will seinen Kindern etwas bieten und nimmt dafür jede Mühe und Anstrengung und auch jede Strecke in Kauf. Mit dem Zug geht es schließlich über Istanbul nach München. Dort angekommen wird er ziemlich schnell an ein Unternehmen in Alfeld im Landkreis Hildesheim vermittelt. Hier zieht er zunächst in eine Sechs-Mann-Wohngemeinschaft mit anderen Gastarbeitern aus der Türkei. Was vielleicht klingt wie eine idyllische, nette Wohngemeinschaft junger Männer, ist alles andere als entspannt. Die Wohnung sei heruntergekommen gewesen, die sanitären Anlagen sehr dürftig. Es habe nur eine Art Plumpsklo außerhalb der Wohnung gegeben, erzählt Özlem.

In seiner neuen, zunächst als nur zeitweilig gedachten Heimat arbeitet ihr Großvater erst in einem Straßenbauunternehmen und später in einer Holzfabrik. Die Arbeit ist körperlich anstrengend und sehr belastend. Er arbeitet durchweg im Schichtdienst, Erholung findet er in der Sechs-Mann-WG kaum. Aber er quält sich durch die Arbeit und denkt an das Geld, das er für sich und seine Familie verdienen will. Schließlich kommt seine Frau, Özlems Oma, aus der Türkei nach. Er zieht aus der Wohngemeinschaft aus und sie suchen sich eine kleine bezahlbare Wohnung, was nicht wirklich leicht ist. »Er hat wirklich einen schwierigen Start gehabt«, sagt Özlem und erzählt davon, wie sie ihre erste Wohnung mit Möbeln vom Sperrmüll einrichten.

»Das, was die anderen Menschen vor die Tür gestellt haben, haben sie sich genommen und versucht zu reparieren.« Özlem, die in Deutschland geboren wird, bekommt nicht von Anfang an einen deutschen Pass ausgestellt. Sie geht in den Kindergarten und in die Schule, erhält aber nur eine befristete Aufenthaltserlaubnis. Für sie ist das ein paradoxer Zustand, der sie manchmal überfordert. Wenn sie in die Türkei fliegt, ist sie für die Einheimischen dort eine Touristin. Schließlich kennt sie das Land, aus dem ihr Großvater stammt, fast überhaupt nicht. In Deutschland dagegen wird sie als Ausländerin behandelt. »Und das ist doch seltsam«, sagt sie. »Ich bin hier geboren und habe mein ganzes Leben hier verbracht.«

»Manchmal habe ich das Gefühl zu schweben«, erzählt Özlem und wirkt kurz nachdenklich. Zwar hat sie mittlerweile eine unbefristete Aufenthaltserlaubnis, aber immer noch keinen deutschen Pass. Das wird sich bald ändern, sagt sie, aber ob sich ihr Gefühl ändern wird, das weiß sie nicht. Ich will wissen, ob sie in Deutschland alltagsrassistische Erfahrungen gemacht hat. Sie zuckt mit den Schultern. »Na ja, du wirst halt immer anders angeguckt. Gerade wenn man mich so ansieht«, grinst sie. »Also die Sache ist, ich wirke eher maskulin. Ich bin zwar eine Türkin, sehe aber eher aus wie ein Türke. Dazu bin ich noch lesbisch, stehe also auf Frauen. Wenn ich mit meiner Freundin durch die Gegend laufe, schauen uns alle schief an. Das ist dann schon seltsam, weil ich mir denke: Meine Güte, wir leben doch im 21. Jahrhundert, was ist los mit euch?« Özlem lacht. »Ich mein, ganz ehrlich, was ist los hier? Lasst doch jeden Mensch einfach Mensch sein. Ich finde es schade, dass wir immer noch Menschen stigmatisieren und in irgendwelche Schubladen stecken.« Ich nicke.

Ich will wissen, wie das Verhältnis zu ihr und ihrer türkischen Familie ist. »Ich bin privilegiert aufgewachsen«, sagt sie. Ihre Familie sei »superweltoffen« und »superoffen« für alles. Auch ihre Familie in der Türkei, die im hintersten Dorf lebt, beschreibt sie als sehr tolerant. »Die lieben mich, die lieben meine Freundin, die akzeptieren alles, was ich mache. Ich finde das gut und wichtig, diesen Grat zwischen Toleranz und Respekt. Vor allem zwischen den Generationen.«

Zu sehen, wie viel sich zwischen der ersten Gastarbeiter-Generation, also Özlems Opa, bis zu Özlem getan hat, ist superspannend.

Trotzdem merkt Özlem auch manchmal im Alltag, dass es für einige nicht normal ist, dass sie eine gleichgeschlechtliche Partnerin hat. Sie erzählt von Blicken, denen sie ausgesetzt ist. Und dann erzählt sie von einer Begegnung auf einem lokalen Dorf-Schützenfest vor einem Jahr. Damals war sie mit einem Freund unterwegs und sie lernten unterwegs zwei Frauen kennen, mit denen sie sich ganz nett unterhielten.

Plötzlich kam eine betrunkene Frau auf sie zu und brüllte sie aus dem Nichts an: »Ihr scheiß Ausländer nehmt uns die Mädels weg!! Geht und holt euch eure eigenen Weiber!« Özlem reagiert und antwortet »im feinsten Hochdeutsch«, wie sie heute erzählt, dass sie und ihr Freund überhaupt keine bösen Absichten hätten. Und wenn es weitere Fragen bezüglich ihrer Herkunft geben würde, könnte man sich einmal privat treffen. Auch gerne an einem anderen Tag und in einem gesitteten Umfeld. Leider geht

die Frau vom Schützenfest an diesem Abend nicht auf das Angebot ein, sondern verschwindet in der Dunkelheit.

Es ist vor allem die Unsicherheit der anderen, die sie abkriegt.
Die Menschen würden sie ansehen und sich fragen: Ist sie jetzt
eine Frau – oder ein Mann? Özlem sagt, sie hat da eine ganz einfache Taktik, wenn sie merkt, dass das im Raum steht. Sie spricht
die Menschen einfach an. Das sei am leichtesten.

Neulich war sie an einem See spazieren, erzählt sie. Dort war
auch eine Gruppe von fünf oder sechs Jungs, die sie die ganze Zeit
angestarrt und über sie gesprochen haben. Kurzerhand steuert
Özlem auf die jungen Männer zu und eröffnet das Gespräch:
»Hey zusammen. Mir ist aufgefallen, wie ihr über mich sprecht
und euch über mich austauscht. Da dachte ich, ich komme euch
einfach zuvor und frage mal nach, was ihr denn so von mir wissen wollt.«

Özlem wird enttäuscht, wie sie sagt. Die sonst noch so rede-
bereit scheinenden Typen verstummen plötzlich und Özlem geht
schulterzuckend weiter. »Weißt du, Lou, es ist wie die Geschichte
mit meinem Opa und den Umständen, warum und wie er damals
hierhergekommen ist. Ich gehe damit sehr offen um. Und wenn
jemand Fragen hat: Bitte, ich stehe gerne Rede und Antwort!«

Dass die meisten eine wirkliche Begegnung mit ihr meiden,
sei ja auch einfach ein Bequemlichkeitsding, erklärt sie.

Özlem erzählt, sie würde gerne mal auf eine türkische Hoch-
zeit gehen und eine Drohne über sich herfliegen lassen, wenn sie
dort mit einem Anzug auftauchen würde statt in einem Kleid,
einfach um die Blicke zu beobachten. Es ist schön zu sehen, wie
Özlem sich weder verstellt oder anpasst und vor allem ihren
ganz eigenen Weg geht, sich gegenüber anderen Menschen zu
erklären. Nämlich überhaupt nicht. Sie ist einfach sie selbst, und
jede und jeder, die oder der sie sieht, muss mit ihr und ihrer Art
zu leben auskommen. Wahnsinn, wie viel sich innerhalb von

zwei Generationen ändert. Kurz vor Ende des Gesprächs kommt Özlem noch mal auf die Vorurteile zu sprechen, mit denen sie konfrontiert ist. Sie schaut in die Kamera und sagt:

»Man muss den Menschen als großes Ganzes sehen, als ein ganzheitliches System. Irgendwoher resultieren immer Verhaltensweisen. Irgendwoher kommt ja alles und irgendwoher entstand ja dieser Mensch.«

4.4 ALI, DER SOHN AUS PAKISTAN

Der nächste Videocall wird zu einer logistischen Herausforderung, wie so vieles in der Corona-Zeit. Diesmal führe ich nicht ein Einzelgespräch, ich spreche mit einer ganzen Familie. Aus Birstein, einer kleinen hessischen Gemeinde, begrüßen mich Papa Matthias, Mama Karin, Tocher Cheyenne und Ali. Die zweite Tochter Chiara ist mir aus ihrer Wahlheimat Freiburg zugeschaltet.

Nach einigen Minuten und technischen Herausforderungen haben wir uns alle eingefunden und ich blicke in die Gesichter einer liebenswerten Familie. Ich ahne noch nicht, wie intensiv die nächsten Stunden werden und was für einen tiefen Einblick die Familie mir in unserem Gespräch gewährt. Schon die E-Mail der Familie Möser, die ich vor einigen Wochen erhielt, war so ausführlich, dass mir beim ersten Lesen mehrmals der Atem stockte. Jetzt, an einem Montagnachmittag im März 2021, sind wir alle zusammengeschaltet und sprechen über und mit Ali, dem jüngsten Familienmitglied.

Die Geschichte, wie Ali, der aus Pakistan stammt, ein Teil der Familie Möser wird, beginnt im Jahr 2015. In den Medien ist in diesem Jahr vermehrt von einer »Flüchtlingskrise« zu lesen. Damals löste ein starker Zustrom von Schutzsuchenden inner-

halb kurzer Zeit eine gesellschaftlich äußerst emotional auf-
geladene Debatte über die Ausrichtung der Asyl- und Flüchtlingspolitik der Europäischen Union (EU) und über die deutsche
Einwanderungspolitik aus, die bis heute nicht lösungsorientiert
beendet wurde. Das Gegenteil ist leider der Fall. Das Spektrum
an Einstellungen und Verhaltensweisen angesichts der Flüchtlingskrise war enorm breit. Wurden einerseits vielfältige An-
strengungen unternommen, den geflüchteten Menschen zu
helfen und ihre Integration zu erleichtern, gingen andere Be-
strebungen eher dahin, die Asylbewerber:innen zügig wieder ab-
zuschieben und die Landesgrenzen zu schließen. Die Fernsehbilder von damals zeigen zwei parallel existierende Realitäten:
Applaus und Blumenempfang auf der einen Seite, Gewalt gegen
Schutzsuchende an den Außengrenzen der EU auf der anderen.
Die Ereignisse zeigten und zeigen immer noch gravierende Män-
gel des europäischen beziehungsweise EU-Asylsystems auf.

In diesen bewegten Zeiten macht die damals 19-jährige
Chiara gerade ihr Abitur. In der Region, in der sie mit ihren Eltern und ihrer Schwester lebt, sind in den letzten Monaten einige Schutzsuchende angekommen und werden betreut. In der
Schule spricht ihr Lehrer Chiara an und fragt sie, ob sie nicht
Lust hätte, eine Deutschklasse für Geflüchtete zu unterrichten,
die erst seit einigen Monaten in Deutschland leben. Chiara findet die Idee prima. Sie hilft anderen und verdient nebenbei ein
wenig Geld. Noch kann sie sich nicht vorstellen, wie lebensver-
ändernd der zunächst als kleiner Nebenverdienst angedachte Job
für sie und die ganze Familie werden wird.

Die erste Klasse, die Chiara unterrichtet, besteht aus 12 bis
15 Geflüchteten aus ganz verschiedenen Ländern. Unter ihnen
ist Ali, der mit auf der Couch in Birstein sitzt und mich durch
die Webcam anschaut. Ali habe damals aus der Gruppe hervor-
gestochen, erzählt Chiara. Der groß gewachsene Mann aus Pa-

kistan legt ein enormes Engagement an den Tag, stellt interessiert viele Fragen und setzt seine guten Englischkenntnisse ein, um Chiara bei Verständigungsproblemen mit anderen ihrer Schüler:innen zu helfen. In jeder Stunde gibt Ali sich total viel Mühe, wie Chiara sagt. Gleichzeitig merkt sie, dass er nach dem Unterricht immer etwas wehmütig und traurig wirkt. Chiara fragt nach. Ali erklärt ihr, dass er gerne länger lernen würde als die zwei Stunden, die für den Unterricht angesetzt sind. Einige Tage später ergreift Ali die Initiative und fragt Chiara nach Schulschluss, ob sie ihm nicht zusätzlich Privatunterricht geben könne.

Chiara erzählt, sie sei von dieser Frage anfangs etwas überfordert gewesen. Schließlich stimmt sie jedoch zu und gibt ihm nach dem regulären Unterrichtsende Privatunterricht. Über die Wochen und Monate merkt sie, wie nett und umgänglich Ali ist und wie gerne er auch ihre Familie kennenlernen will. Die Erste aus der Familie, die Ali kennenlernt, ist Chiaras Mutter Karin, der zuerst Alis riesen Umhängetasche auffällt. »Die hat er immer mit sich herumgeschleppt. Mit einem Kugelschreiber und Büchern zum Lernen darin.« Bei ihrer ersten Begegnung begrüßt Ali sehr herzlich Mutter Karin. »Eigentlich brauche ich immer eine gewisse Zeit, bis ich mich anderen Menschen öffnen kann«, meint sie. Aber als er so freudig vor ihr stand und sie unvoreingenommen umarmt habe, da war sie schon hin und weg, lacht Karin. »Ich weiß nicht warum, vielleicht war es durch seine Erscheinung und seine Art. Jedenfalls hatte ich kein Problem damit, dass er zu uns nach Hause kommt.« Und so passiert es, dass Ali immer öfter bei Familie Möser vorbeischaut und ein Freund, ja fast schon ein Teil der Familie wird.

Alle lächeln in die Kamera. Ali ganz besonders. Bis hierhin ist es eine Art Bilderbuchgeschichte einer glücklichen, erfolgreichen Integration. Ein meiner Meinung nach vorbildliches und wertvolles Beispiel über den Umgang mit Schutzsuchenden. Ali erzählt, dass er mittlerweile als Zuschneider in einem lokalen Orthopädie-Betrieb arbeitet und damit hierzulande eine gefragte Fachkraft ist. Voller Stolz berichtet er, dass er sein eigenes Geld verdient und flüssig Deutsch spricht. Aber wie ist es überhaupt dazu gekommen, dass er seine Heimat verlassen musste, und was ist der Grund, weshalb wir heute miteinander sprechen? Wie sieht seine Zukunft in Deutschland aus? Ali fängt an, von seinen Fluchtgründen zu erzählen. Während er spricht, redet er deutlich, aber sehr schnell. Es scheint fast so, als wolle er die Vergangenheit mit dem Sprechtempo hinter sich lassen.

In seinem Heimatland Pakistan sei erst mal alles gut gewesen, berichtet er. Aber 2009 sei etwas »sehr Schlechtes« passiert. Ali schaut kurz weg. Ich nicke. Ali beginnt von der Grenzüberquerung und den Gründen seiner Flucht zu erzählen. Die Familie hatte mir bereits vorab Einzelheiten über seine Flucht geschickt, die ihn teilweise traumatisiert hat, und eine lokale Zeitung hat seine Geschichte anonym präsentiert. Alis Familie wird in Pakistan von der »Chotu Gang« drangsaliert, einer Bande, die in etwa vergleichbar mit der islamistischen Terrorgruppe Boko Haram ist. Sein Vater und sein Bruder wurden als eine Art Personenschutz noch in Pakistan in Schutzhaft genommen. Als Alis Cousin erschossen wird, fürchtet auch er um sein Leben und flieht. Nach Monaten der Flucht, die ihn übers Mittelmeer führt, landet er schließlich erschöpft in Deutschland. Er ist sich sicher, wenn er zurück nach Pakistan muss, wird er dort sterben.

Ali möchte gerne in Deutschland bleiben und ein friedliches Leben führen. Das sei ihm am wichtigsten, betont er im Gespräch. Er erzählt, dass er gerade dabei ist, seinen Führerschein zu machen. »Die Theorieprüfung habe ich schon bestanden«, erzählt er, nicht ohne ein wenig Stolz in der Stimme. Er will mehr von diesem Land sehen und am liebsten viele neue Orte und

Menschen kennenlernen. Über die Hilfe der Familie Möser ist er sehr dankbar, aber er hat auch ein wichtiges Anliegen, das er allen Menschen, die dieses Buch lesen, mitteilen will: »Ich wünsche mir, dass ich und die anderen nicht als ›Flüchtlinge‹ gesehen werden. Sondern in erster Linie als Menschen.« Er wünscht sich, dass Vorurteile abgebaut werden. »Sie sollen bitte hinter unsere Gesichter gucken und uns fragen, warum wir da sind. Was wir verloren haben.« Es ist jetzt ganz ruhig. In Berlin und in Birstein. In diesen Sätzen steckt so viel Wahrheit. Denn solche Strapazen, wie Ali und andere sie auf sich genommen haben und immer noch auf sich nehmen, sind kein Kinderspiel. Und hinter jedem Geflüchteten steckt eine Geschichte. Nur vergessen wir das eben oft – oder wollen nicht richtig zuhören. Ali ist dankbar dafür, dass Familie Möser ihm hilft. Aber er hat auch ein wenig Angst vor der Zukunft. Und noch eine weitere Bitte an die Menschen seines neuen Heimatlandes. Denn den Aufstieg rechter Parteien beobachtet er mit Sorge. »Diese Parteien sind keine Freunde von Deutschland. Die wollen unsere Gesellschaft kaputt machen.« An seinem Blick sieht und an seiner Stimme hört man es: Ali ist es sehr ernst.

Nach ein paar Sekunden Schweigen ergreift die jüngere Tochter Cheyenne das Wort und berichtet, wie es für sie war, als sie Ali in Deutschland kennenlernte. Damals war sie 13 Jahre alt und hat die öffentliche Diskussion und Aufregung um »Flüchtlinge« und eine »Flüchtlingskrise« nicht richtig einordnen können. Als sie über ihre Schwester Ali kennenlernt, werden ihr einige Zusammenhänge klarer. Cheyenne erzählt, dass 2015 viele Gerüchte über die ankommenden Asylbewerber:innen die Runde machten: Bei denen in den Wohnungen sieht's aus wie im Saustall! Die klauen! Vorurteile eben. Bis heute besteht in der dörflich geprägten Gemeinschaft viel Skepsis gegenüber geflüchteten Menschen, sagt sie.

Als sie erzählt, kommt Cheyenne auf einen weiteren interessanten Punkt zu sprechen. Nämlich dass die ankommenden Geflüchteten in Wohngemeinschaften umverteilt werden, genauer: in extra Wohnungen, die meistens etwas außerhalb liegen. So bekommen sie überhaupt nicht die Chance, am Dorfleben teilzunehmen. Die Ausgrenzung erfolgt also oft schon bei der Vergabe des Wohnraums.

Im Gespräch fällt mir auf, vor wie vielen Herausforderungen, Problemen und Erschwernissen Ali steht. Und das sind längst nicht alle. Ich will aber auch zum Kern des Ganzen kommen. Denn Ali wird es erschwert, in Deutschland und bei seiner neuen Familie zu bleiben. Sein Asylbescheid wurde mehrfach abgelehnt. Woran liegt das? Und wie sieht die momentane Situation aus? Ich frage nach. Vater Matthias muss erst mal tief Luft holen, bevor er antwortet. »Also, das ist ein großes Gebiet«, sagt er. »Wir kämpfen da an mehreren Fronten.«

Es fange allein schon an bei dem Asylantrag, den Ali hier in Deutschland beantragt habe. Der Antrag sei von Anfang an abgeschmettert worden. »Mit fadenscheinigen Begründungen, die nicht nur für unseren Anwalt, sondern auch für keinen normalen Menschen nachvollziehbar und widersprüchlich sind«, erzählt Matthias. Die Familie nickt zustimmend. Er fährt fort: »Die Bescheide, die bei uns ankommen, werden von sogenannten Entscheidern abgeschickt. Ich habe wirklich das Gefühl, das sind Beamte, die oft nur einen Crash-Kurs in dem Thema bekommen haben. Und die entscheiden dann eben, ob jemand Asyl kriegt oder nicht. Und das macht mir schon so einen Hals.«

Seine Bedenken: »Wenn da irgendwer nicht vorurteilsfrei an die Sache herangeht, dann passiert da nichts. Und wenn der Antrag abgelehnt wird, muss man mit viel Geld und Mühe vor Gericht in Berufung gehen. Zuständig ist das Gericht in deiner Region. Bei uns ist das Frankfurt.« Und mit Frankfurt, Matthias atmet nochmals schwer aus, haben er und die Familie ein schlechtes Los gezogen. Mittlerweile wissen sie selbst nicht mehr so genau, was mit Ali in nächster Zeit passieren wird, sagt Matthias. Über die Jahre und Monate sei das ziemlich ermüdend. Aber sie alle wüssten auch, dass es irgendwann eine finale Deadline geben wird. Dann gibt es keine Chance, das Aufenthaltsrecht von Ali weiter einzuklagen.»Darauf zielen die ab«, meint Matthias. Dann wäre das letzte Wort gesprochen und es hieße schließlich»Ende Gelände«.

Von Webcam zu Webcam herrscht Schweigen zwischen Berlin und Birstein. »Ende Gelände. Was bedeutet das konkret? Würde Ali dann einen Bescheid bekommen, in dem steht, er muss Deutschland innerhalb einer Frist von x Tagen verlassen?« Matthias nickt. »Das ist ja das Perfide an der Geschichte. Diesen Bescheid hat er schon vor ungefähr vier Jahren gekriegt. In dem Moment, in dem ein reguläres Asyl abgelehnt wird, ist er sofort ausreisepflichtig und er muss jeden Moment damit rechnen, dass die Polizei ihn abholt und mitnimmt.« Würde Ali nach Pakistan abgeschoben werden, wirft Chiara ein, würde er in Pakistan sofort verhaftet werden, da er das Land damals illegal verlassen habe.

Ich will wissen, ob es nicht einfach möglich sei, Ali zu adoptieren, um ihn so vor einer Abschiebung zu schützen. Vater Matthias räuspert sich, bevor er spricht. Eine Adoption wäre theoretisch möglich. Die Frage sei aber natürlich, ob die Behörde oder das Amtsgericht eine mögliche Adoption anerkennen würde. Und selbst wenn das klappen sollte: Eine Adoption von erwachsenen Menschen hat keinerlei aufschiebende Wirkung auf eine Ausweisung aus Deutschland. Das funktioniert bei Jugendlichen – nicht aber bei Erwachsenen. »Das hieße unterm Strich einfach: Ich hätte dann einen Sohn, der nach Pakistan ausgewiesen werden würde.«

Wenn es zu einer Abschiebung kommen würde, müsste es auf deutscher Seite alles sehr schnell gehen. Es ist erschreckend, Vater Matthias reden zu hören, denn er und die anderen Familienmitglieder haben sich tatsächlich darüber schon Gedanken gemacht. »Wenn er Glück hat, kommt er erst mal in Abschiebehaft. Dort bekommt er dann sein Handy und alles Weitere abgenommen. Wenn er dann viel Glück hat, kriegt er nach einiger Zeit sein Handy wieder ausgehändigt. Deshalb hat er auch schon die Telefonnummern jedes einzelnen Familienmitglieds auswendig gelernt. Wenn er also in Abschiebehaft kommt, kann er umgehend jemanden aus unserer Familie anrufen und wir informieren dann umgehend den Anwalt.« Und der könnte dann eine einstweilige Verfügung auf Rechtsschutz anstreben. Matthias ergänzt: »Aber in der Regel wird darauf gepokert, dass diese Abschiebung recht kurzfristig passiert, damit es keine große Reaktionszeit geben kann.« Eine Petition kann dann noch eingereicht werden oder ein Härtefall-Gesuch beantragt werden, aber das seien alles Optionen, die erst »kurz vor Schluss« infrage kämen. Ich bin vor meiner nächsten Frage etwas nervös, aber will es trotzdem wissen. »Was würde es denn für eure Familie bedeuten, wenn Ali wirklich plötzlich abgeschoben wird? Wenn der Worst Case eintritt?« Matthias atmet tief durch, bevor er zögernd antwortet: »Menschlich wäre das für die Familie eine absolute Katastrophe. Uns allen wäre klar, dass es für Ali dann um Leben und Tod geht. Bei der Einreise nach Pakistan würde er sofort in Haft genommen werden.« Matthias' Blick spricht Bände. Trocken ergänzt er: »Das ist kein Scherz.«

Wieder Schweigen. Ali und seine deutsche Familie leben also im Dauerstress. Ich will wissen, wie die Ablehnungen begründet werden. Die Aussage sei immer wieder, dass Pakistan groß genug sei und Ali sich überall verstecken könne. So steht es in jeder Klageabweisung. »Was für Argumente oder Belege habt ihr als

Familie vorgebracht, damit Ali hier in Deutschland bleiben kann und die Ablehnungsgründe aushebeln?«, frage ich. Diesmal übernimmt Mutter Karin: »Wir haben dem Gericht Beweise geliefert, dass die Menschen, mit denen er Ärger hat, wirklich eine Verbrecherbande ist, die sogenannte Chotu Gang, die in ganz Pakistan operiert. Denen zu entkommen ist schlichtweg unmöglich. Darauf folgte die Aussage, sie glauben dem Ganzen nicht so recht.« Chiara hat den Verdacht, dass es schlichtweg an der Person, die gerade die Akte bearbeitet, und dem zuständigen Richter oder der zuständigen Richterin liegt, ob jemand in Deutschland Asyl erhält oder nicht.

Ich bin gerührt von dem Engagement und der Herzlichkeit von Familie Möser. Am Ende unseres Gesprächs schickt mir die Familie weiteres Material: Anwaltsschreiben, Gerichtsbeschlüsse, Zeitungsartikel. Jedes Familienmitglied hat etwas am Ende des zugeschickten Materials über seine Beziehung zu Ali geschrieben. Der Text von Mutter Karin Möser endet mit den Worten: Er ist mein Sohn aus Pakistan.

4.5 MORIA UND DIE EUROPÄISCHE VERANTWORTUNG

Alle drei Gespräche haben mich sehr bewegt. Das ständige Gefühl, nicht willkommen zu sein. Die anhaltende Angst, dass der Asylantrag abgelehnt wird. Und die Hilflosigkeit, die Menschen fühlen, wenn sie zu wenige Strukturen der Integration in einem neuen Land vorfinden. Ich kann mir gar nicht vorstellen, was es für Menschen bedeutet, immer wieder das Gefühl zu haben, »falsch« zu sein. Also am »falschen« Ort, »falsch« auszusehen, die »falsche« Religion zu haben, oder beispielsweise die »falsche« Sprache zu sprechen. Ich setze das falsch bewusst in

Anführungszeichen, weil ich der Ansicht bin, dass diese Menschen nicht falsch sind, sondern wir als Gesellschaft ihnen oft das Gefühl geben, dass es so ist. Ich finde, es ist unser aller Aufgabe, dafür zu sorgen, dass alle, die zu uns kommen, aus welchen Gründen auch immer das sein mag, sich bei uns wohl und willkommen fühlen können und das Gefühl bekommen, dass sie sich hier etwas aufbauen können.

Die Interviews mit Özlem, Ali und Ghazal haben mir einmal mehr verdeutlicht, wie privilegiert ich selbst bin. Ich lebe mitten in Europa. Ich habe eine schöne Wohnung, verdiene gutes Geld, kann mehr als zweimal täglich warm essen und muss mir generell relativ wenige Sorgen um meine Zukunft machen. Vielleicht hat mich deswegen, was ich 2020 von Camp Moria lesen und sehen musste, so extrem erschüttert. Mitzubekommen, dass es auch hier in Europa Orte gibt, wo Menschen ums nackte Überleben kämpfen müssen, finde ich einfach nur unfassbar.

Es ist der Morgen des 9. September 2020. Ich habe wenig geschlafen und spreche in meine Handykamera. Ich bin müde und wütend zugleich. In meinem Kopf sind die Bilder, die ich in der vergangenen Nacht sehen musste. Es sind Bilder der Feuernacht von Moria. Damals verwüstete ein Feuer weite Teile des Camps für Geflüchtete auf der griechischen Insel Lesbos.[14] Im Camp waren zu diesem Zeitpunkt mehr als 12.600 Menschen untergebracht – obwohl es eigentlich für nicht mehr als 2.800 ausgelegt war.[15] Die Bilder des Brandes gingen sehr schnell um die Welt und lösten eine Welle der Empörung aus: Schutzsuchende, darunter viele schwangere Frauen und Kinder, mussten mitten in der Nacht in die umliegenden Wälder fliehen. Da mussten Menschen um ihr Leben rennen – mitten in Europa, auf dem Kontinent, wo wir uns immer selbst für unsere Menschlichkeit abfeiern und in dem die Europäische Union 2012 den Friedens-nobelpreis bekommen hat.[16] Vor allem ist der verheerende Brand im Flüchtlingslager Moria deshalb so tragisch, weil Moria nicht irgendein Camp war. Hier wollte die Europäische Union ihre Flüchtlingspolitik neu erfinden. Und ist meiner Meinung nach krachend daran gescheitert.

Die Kontroverse um Moria gab es schon lange vor dem Brand. Das Camp, das seit 2014 bestand, war ein sogenannter EU-Hotspot, also ein von EU-Agenturen mitbetriebenes Registrierungslager, in dem das EU-Asylunterstützungsbüro EASO (European Asylum Support Office) die Grenzschutzagentur Frontex und die Polizeibehörde Europol aktiv waren.[17] Es ist wichtig zu verstehen, dass Moria nicht irgendein Lager einer Lokalregierung vor Ort war. Nein, es ist ganz offiziell von verschiedenen europäischen Institutionen mitaufgebaut und verwaltet worden. In Moria sollten Asylanträge binnen weniger Wochen geprüft werden. Das war zumindest der Plan. Anerkannte Flüchtlinge sollten in Europa verteilt werden und Menschen ohne einen Schutzanspruch in die Türkei zurückgeschickt werden. Das jedenfalls war das Versprechen des Deals, den die Europäische Union 2016 im Rahmen des EU-Türkei-Abkommens mit der Türkei ausgehandelt hatte.[18]

Dieses Abkommen war schon lange vor den Geschehnissen in Moria kritisiert worden. Von einem Ausverkauf humanitärer Werte war die Rede.[19] Menschenrechtsorganisationen wie Pro Asyl verurteilten das Abkommen scharf.[20] Auch die Generalsekretärin von Amnesty International, Selmin Çalışkan sagte: »Die Türkei kann gar kein sicherer Drittstaat sein, denn sie ist nicht für alle Flüchtlinge sicher. Daher dürfen keinesfalls schutzbedürftige Menschen aus Europa in die Türkei abgeschoben werden.«[21] Heute wissen wir: Das Abkommen ging nicht auf. Denn statt die Anträge von Asylbewerber:innen schnell zu bearbeiten, hielten Behörden vor Ort die Schutzsuchenden über Monate, zum Teil über Jahre auf Lesbos fest. Kaum ein geflüchteter Mensch wurde in die Türkei zurückgebracht, aber auch kaum jemand durfte weiterreisen. Moria wurde somit zur vorläufigen Endstation für viele, und es wurde – unter den Augen der EU – immer voller.

Schon Jahre vor dem Brand in dem Camp gab es immer wieder Stimmen, die die Überfüllung von Moria und anderen Hot Spots scharf kritisierten. Auch auf die fehlende Wasserversorgung, eine Lebensmittelknappheit und nicht vorhandene medizinische Versorgung wurde hingewiesen. Ebenso auf die schlimmen hygienischen Zustände unter anderem wegen des Mangels an sanitären Einrichtungen.[22]

Und dann kam 2020 die Corona-Pandemie. Und alles wurde noch schlimmer. Denn allerspätestens jetzt war klar, wie gefährlich es ist, so viele Menschen auf so engen Raum zusammenzupferchen. Ein Arzt, der in der Nähe des Camp Moria eine Klinik betreibt, fasste die Situation damals so zusammen: »Mehrere Hundert Menschen müssen sich eine Toilette teilen, eine Dusche. Auf einen Wasserhahn kommen mehr als tausend Personen. Menschen stehen dafür Schlange«, erzählte er. »Es ist unmöglich, da eine Covid-19-Übertragung zu verhindern. Die Leute fragen: ›Wo sollen wir denn Hände waschen? Wir müssen dafür zur anderen Seite des Camps laufen. Und womit sollen wir uns waschen, wenn wir nicht mal Seife haben?‹ Die hygienischen Bedingungen sind hier so desaströs, dass wir schon lange vor Krankheiten warnen – aber es hat keiner zugehört.«[23]

Nachdem die ersten Menschen mit dem Virus infiziert wurden, errichteten die griechischen Behörden Isolierstationen, um die kranken Menschen von den gesunden zu trennen. Irgendwann verhängten sie eine zweiwöchige Ausgangssperre. Ärzte ohne Grenzen kritisierte auch hier, dass die verhängte Massenquarantäne angesichts der Überfüllung des Lagers, der schlechten hygienischen Bedingungen sowie fehlender medizinischer Versorgung unverantwortlich und gefährlich sei. Das ist ja auch logisch. Wie sollen sich denn 12.000 Menschen auf engstem Raum aus dem Weg gehen und Hygieneregeln einhalten, wenn es nicht mal fließendes Wasser gibt – und das Lager, wie wir schon gelernt haben, eigentlich für 2.800 Menschen ausgelegt ist.

Dann kam der 8. September 2020. Im Lager wurde bekannt, dass bei 35 Bewohner:innen Covid-19 festgestellt worden ist.[24] Wohl aus Angst vor weiteren Ansteckungen kam es zu Unruhen – und schließlich zur Brandkatastrophe, deren Bilder um die Welt gegangen sind. Mittlerweile ist klar, wer den Brand im Camp Moria verursacht hat: Die griechischen Behörden nahmen sechs junge Afghanen wegen des Verdachts der Brandstiftung fest, im Juni 2021 wurden vier der Beschuldigten zu zehn Jahren Gefängnis verurteilt.[25]

Mitte September 2020 wurde Camp Moria, das durch die Flammen unbewohnbar geworden war, geräumt. Die Menschen, die dort gelebt hatten, wurden im Übergangslager Kara Tepe, ebenfalls auf Lesbos, untergebracht.[26] Aber auch von dort berichteten Menschenrechtsorganisationen, dass die Gesundheit der Menschen auf vielen Ebenen gefährdet sei und dass die Bedingungen hier noch viel schlimmer seien als im Lager zuvor.[27] Das Schicksal der Menschen in Camp Moria wurde nach dem Brand und der weltweiten Empörung zu einer europäischen Angelegenheit. Einige Länder kündigten an, Schutzsuchende aufzunehmen – darunter auch Deutschland. Nach einigen Verhandlungstagen einigten sich die Union und SPD schließlich darauf, 1553 geflüchtete Menschen aufzunehmen. Nicht weniger. Aber eben auch nicht mehr.

Ich bekomme Gänsehaut, wenn ich über die Zustände in diesem und vielen anderen Camps für Geflüchtete nachdenke. Wie kann es sein, dass innerhalb Europas Menschen so unwürdig behandelt werden und sich kaum jemand der politischen Akteur:innen verantwortlich fühlt? 82,4 Millionen Menschen waren weltweit bis Ende 2020 auf der Flucht.[28] Und aus Gründen, die ich bereits weiter oben in diesem Themenkomplex angesprochen habe, werden es in den kommenden Jahren nicht weniger werden.

Klimakrise, Ausbeutung, politische Verfolgung und Kriege – das alles sind Herausforderungen für die gesamte Menschheit. Und so sehr ich die Arbeit der vielen NGOs schätze, weiß ich, dass sich nichts ändern wird, solange Politiker:innen auf der ganzen Welt nicht endlich anfangen, sich ihrer Verantwortung wirklich bewusst zu werden und sich Lösungen einfallen lassen, die den Menschen in Not wirklich helfen. Damit meine ich, sowohl vor Ort Fluchtursachen bekämpfen, aber auch Regularien festlegen, die dabei helfen, Migration menschenwürdig möglich zu machen. Denn wir dürfen eines nicht vergessen: Es geht in der ganzen Debatte nicht um »die Geflüchteten« oder »die Migrant:innen«, sondern immer um Menschen mit Träumen und Zielen für ihr Leben. Sie alle können für ihr Schicksal nichts, sie sind einfach nur am »falschen« Ort der Erde geboren. Dieses eigentlich kleine Detail darf nicht definieren, wer glücklich ist und wer nicht.

Das Thema Migration ist ein riesengroßes. Mir ist klar, dass ich in diesem Buch nur oberflächlich darauf eingehen kann. Weil mir aber wichtig ist, dass sich möglichst viele Menschen damit auseinandersetzen, möchte ich an dieser Stelle ein Buch empfehlen, das die Versäumnisse der EU bei der Migrations-, aber vor allem bei der Flüchtlingspolitik detailliert aufzeigt. Das Buch heißt: »Europa schafft sich ab: Wie die Werte der EU verraten werden und was wir dagegen tun können« von Erik Marquardt.

5. THEMENKOMPLEX:

(ALLTAGS-)RASSISMUS IN DEUTSCHLAND

Nach dem Themenkomplex Migration brauche ich erst mal ein paar Tage Pause von meiner digitalen Deutschlandreise. Die Gespräche mit Ghazal, Özlem, Ali und Familie Möser haben mich sehr mitgenommen. Ich denke viel darüber nach. Eines ist klar: Wir müssen über Vorurteile gegenüber Menschen, die vielleicht anders aussehen oder woanders herkommen, sprechen. Aus Vorurteilen kann Alltagsrassismus entstehen. Auf Alltagsrassismus wiederum können rechtsextrem motivierte Straftaten folgen. Ich kann mich noch sehr genau an den 19. Februar 2020 erinnern. An diesem Tag ermordete ein Rechtsextremer in Hanau neun Menschen. An diesem Tag verloren Gökhan Gültekin, Sedat Gürbüz, Said Nesar Hashemi, Mercedes Kierpacz, Hamza Kurtović, Vili Viorel Păun, Fatih Saraçoğlu, Ferhat Unvar und Kaloyan Velkov ihr Leben. Es ist wichtig, an dieser Stelle ihre Namen zu nennen, damit sie nicht in Vergessenheit geraten. Der Terror von Hanau war für mich ein einschneidendes Erlebnis. Mitten unter uns, im Jahr 2020 passiert so eine schreckliche Tat. Wie kann das sein? Die schockierenden Fernsehbilder von damals werde ich nie vergessen. Besonders in Erinnerung sind mir die Interviews mit den Angehörigen der Ermordeten geblieben.

Ich habe mich in den Tagen und Wochen nach der Tat oft gefragt, wie war und ist es möglich, dass in einer so aufgeklärten Gesellschaft so etwas Schreckliches passieren kann? Dass ein einzelner Mensch eine solche grauenhafte Tat verüben kann? Einen Monat vor seinem Anschlag verbreitete der Täter im Internet ein Schriftstück mit dem Titel »Botschaft an das gesamte deutsche Volk«. Er beschrieb darin seinen Lebensweg, sein rassistisches, islamfeindliches, antisemitisches und von allen möglichen Verschwörungserzählungen geprägtes Weltbild und rief zum gewaltsamen Kampf und zur Vernichtung der Bevölkerung ganzer Staaten auf.[1]

Und jetzt, über ein Jahr nach dem Anschlag von Hanau, frage ich mich, ob wir dem Gedenken der Ermordeten gerecht werden. Wie verhindern wir, dass der Anschlag vom 19. Februar 2020, bei dem Gökhan Gültekin, Sedat Gürbüz, Said Nesar Hashemi, Mercedes Kierpacz, Hamza Kurtović, Vili Viorel Păun, Fatih Saraçoğlu, Ferhat Unvar und Kaloyan Velkov getötet worden sind, nicht einfach nur ein weiteres rassistisches Gewaltverbrechen in Deutschland war? »Es war nicht das erste Mal und ich fürchte, es wird nicht das letzte Mal gewesen sein, wenn sich nicht schnell etwas ändert«, schrieb Serpil Temiz, die Mutter eines der Opfer zwei Wochen nach der Tat in einem offenen Brief an Bundeskanzlerin Angela Merkel.[2] Selbst wenn die Täter:innen solcher Anschläge zu langen Gefängnisstrafen verurteilt werden oder bei ihrer Tat sterben, bleibt ihr rassistisches Gedankengut – und motiviert schlimmstenfalls andere zu weiterem Terror. Hanau ist kein Einzelfall. Auch in den Jahren zuvor mordeten Rechtsextreme schon – und das mitten in Deutschland.

- Mitglieder der rechtsextremen Terrorzelle Nationalsozialistischer Untergrund (NSU) ermorden zwischen 2000 und 2007 neun Männer mit Migrationsgeschichte und eine deutsche Polizistin in mehreren deutschen Großstädten, darunter München, Nürnberg und Hamburg. Ich will hier auch ihre Namen nennen: Enver Şimşek, Abdurrahim Özüdoğru, Süleyman Taşköprü, Habil Kılıç, Mehmet Turgut, İsmail Yaşar, Theodoros Boulgarides, Mehmet Kubaşık, Halit Yozgat und Michèle Kiesewetter.[3]

- In der Nacht auf den 2. Juni 2019 ermordete ein Rechtsextremist den Kasseler Regierungspräsidenten Walter Lübcke vor dessen Wohnhaus im hessischen Istha.

- Am 9. Oktober 2019, dem bedeutendsten jüdischen Feiertag Jom Kippur, versuchte ein Rechtsextremist mit Waffengewalt in eine Synagoge in Halle an der Saale einzudringen, um die dort versammelten Menschen zu töten. Als ihm das nicht gelang, erschoss er zwei Personen im Umfeld des Gebetshauses. Ihre Namen lauten Jana Lange und Kevin Schwarze.[4]

Diese Taten haben mich und sicher viele andere Menschen sprachlos gemacht. Auch weil uns allen klar sein muss, dass sie nur die Spitze des Eisbergs sind. 2020 haben rechtsextreme Gewalttäter schon mehr als 23.000 Straftaten begangen. Das ist ein Anstieg von mehr als 700 Taten im Vergleich zu 2019.[5] Die rechtsextreme Gewalt nimmt also keinesfalls ab, sondern zu – und ihr Ursprung ist blanker Hass gegen andere Menschen. Und genau gegen diesen Ursprung müssen wir kämpfen. Und, das ist mir an dieser Stelle ganz wichtig: Das Gedenken an die Opfer muss also auch immer die Besorgnis um diejenigen Mitbürger:innen sein, die in unserer Gesellschaft in Angst leben, weil rassistische Hetzer:innen sie im Visier haben. Die beschriebenen Taten sind schrecklich und kommen – zum Glück – nicht jeden Tag vor. Sie sind, wie schon beschrieben, die Spitze des Eisbergs. Das Problem mit Rassismus beginnt aber viel früher – in unserem Alltag. Wir müssen eigene und gesellschaftliche Stereotype und Klischees hinterfragen und erkennen, dass diese rassistisch, sexistisch oder LGBTIQ+-feindlich sein können. Das ist sehr wichtig, um einem zunächst unterschwellig auftretenden Rassismus keinen Raum zu geben, damit sich die oben aufgezählten Gräueltaten nicht wiederholen. Aber gerade beim Thema Hanau zeigt sich auch nach über einem Jahr, welche Kreise diese Tat noch immer zieht. Wie die *Frankfurter Rundschau* kürzlich berichtete,[6] waren in der Tatnacht 13 Einsatzkräfte der Polizei des »Spezialeinsatzkommandos Frankfurt« vor Ort. Gegen sie wird nun wegen rechtsextremer Chatnachrichten ermittelt. Ein Schock – nicht nur für die direkten Angehörigen der Ermordeten. Die Ermittlungen zeigen nämlich: Nicht nur wir in der Bevölkerung haben ein Problem mit Rechtsextremismus, sondern auch unsere Behörden.

Wenn wir Rassismus bekämpfen wollen, müssen wir zunächst einmal verstehen, dass wir *alle* mit Vorurteilen durch die Welt gehen. Denn Rassismus ist nichts, was irgendwo außerhalb unseres Alltags stattfindet. Rassistisch motivierte Handlungen finden alltäglich statt. Und deshalb müssen wir uns regelmäßig selbst überprüfen und unser Denken und Handeln hinterfragen. Denn wir handeln bei Weitem nicht immer so rational, wie wir glauben. Gerade bei schnellen Entscheidungen verlassen wir uns oft auf unsere Intention, auf unser Bauchgefühl. Wir denken die Welt in Schubladen. Das erleichtert uns vieles, öffnet aber gleichzeitig die Tür für Klischees und Vorurteile. Reproduzieren wir diese Klischees und Vorurteile immer wieder, werden die Schubladen größer und wir sortieren schneller. Um in unserem eigenen Kopf gegen unsere eigenen rassistischen Denkstrukturen vorzugehen, brauchen wir einen zweiten Blick auf unser Denken und unser Handeln – und manchmal eben auch einen Blick von außen. In unserer Gesellschaft fehlt dieser Blick nur allzu oft. Denn wer außer Menschen, die tatsächlich von Anfeindungen und von Rassismus betroffen sind, kann darüber urteilen, ob jemand rassistisch oder nicht rassistisch handelt?

Solch ein hinterfragender, empathischer, kurz: ein einordnender, Blick fehlt, wenn zum Beispiel Rundfunkanstalten in Talkshows Gäste ohne Rassismuserfahrung Rassismus relativieren lassen, wie es bei der WDR-Talkshow »Die letzte Instanz« im November 2020 geschehen ist. Im gleichen Atemzug möchte ich »Die beste Instanz« von Enissa Amani erwähnen, die mit ihrer YouTube-Talkshowrunde gezeigt hat, wie es besser funktionieren kann und dafür mit dem Grimme Online Award geehrt wurde. Der einordnende Blick fehlt auch, wenn ein deutscher *weißer* Bundesinnenminister eine Studie zu Rassismus innerhalb der Polizei ablehnt. Der Blick fehlt auch, wenn die Attentate des NSU als »Döner-Morde« verunglimpft werden. Wichtig ist, dass wir diesen zweiten Blick regelmäßig auch bei uns selbst anwenden. Denken wir rassistisch? Handeln wir rassistisch? Weichen wir einer Frau mit einem Kopftuch instinktiv aus? Hat sich da ein Vorurteil, ein Klischee schon so in unseren Kopf verankert? Vor allem als *weiße* Personen müssen wir bereit sein, unsere rassistischen Denkmuster zu hinterfragen.

Dass der Weg dahin nicht immer einfach ist, weiß ich aus eigener Erfahrung: 2019 habe ich auf Instagram einen AfD-Politiker zitiert, der das »N-Wort« ausgesprochen hat. Ich zitierte ihn wörtlich, um auf seinen dämlichen und rassistischen Beitrag aufmerksam zu machen. Was ich dabei nicht bedacht hatte, war die Tatsache, dass ich durch das Aussprechen des vollen Zitats den Gebrauch des N-Worts reproduziert habe – auch wenn ich es einordnete und kommentierte. Ich hatte relativ schnell einige Dutzend Nachrichten von wütenden Follower:innen in meinem Postfach. Alle wiesen mich energisch darauf hin, dass ich rassistisches Gedankengut teilen würde und das absolut nicht in Ordnung sei. Ich scrollte mich durch die Nachrichten und war erst mal verwirrt. Ich gebe zu, dass ich das anfangs nicht richtig verstehen und einordnen konnte. Ich war mir meines Fehlers nicht bewusst. Aber als ich die Nachrichten las, bemerkte ich, dass alle, die mir geschrieben hatten, einen Punkt hatten. Ich merkte, dass ich mich mit diesem Thema, der Reproduktion von rassistischen Wörtern, in meiner Vergangenheit viel zu wenig befasst hatte. Ich ging also einen Schritt zurück, löschte den Beitrag und entschuldigte mich öffentlich dafür, dass ich Menschen verletzt hatte. Ich überlegte, was ich tun könnte, und fragte eine Person in meinem Umfeld, die von Rassismus betroffen ist, ob ich ihr zu dem Thema ein paar Fragen stellen dürfe. Von ihr ließ ich mir dann die Gefahr der Reproduktion und die Geschichte des N-Worts erklären. Wo genau dieses Wort herkommt und wie sich der Gebrauch davon auf den Alltag von betroffenen Personen auswirkt. Und eben, wieso es nicht in Ordnung ist, wenn die Großmutter dem Enkelkind immer noch »Zehn kleine N-Wort« vorsingt und niemandem auffällt, dass die Reproduktion dieses rassistischen Wortes sich so unterschwellig in die nächste Generation überträgt. Auch ich musste lernen, was es heißt, *weiß*, privilegiert und von solch einem Problem nicht betroffen zu sein. Es war in dieser Phase enorm hilfreich, dass ich von jemandem anderen lernen durfte. Heute bin ich davon überzeugt, dass es das ist, was Empowerment einer *weißen* Person ist. Denn ich kann eben keinen Rassismus erklären, weil ich davon nicht betroffen bin. Ich kann mich ja schlecht öffentlich hinstellen und sagen: »Liebe Menschen, wisst ihr, als Person of Color ist es eben so und so.« Ich kann vielleicht erklären, was es zum Beispiel für mich

als Frau bedeutet, von Sexismus betroffen zu sein, aber andere
»-ismen« kann ich nicht einfach aus meiner Sicht erklären und
es wäre anmaßend, diesen Anspruch für mich selbst geltend zu
machen.

Es geht aber eben auch nicht, dass ich als *weiße* Person ganz
selbstverständlich von einer Person mit Rassismuserfahrung er-
warte, dass sie mir von ihren Erfahrungen erzählt, mich weiter-
bildet und mich aufklärt.

Bei so sensiblen und zum Teil traumatischen Themen ist
es wichtig, dass wir mit Empathie und Sensibilität betroffenen
Menschen gegenübertreten. Es gibt viele wertvolle Informationen im Internet und Bücher wie »exit RACISM« von Tupoka
Ogette oder »Was weiße Menschen nicht über Rassismus hören
wollen aber wissen sollten« von Alice Hasters, mit deren Hilfe
wir uns weiterbilden können. In den vergangenen Jahren habe
ich von vielen tollen Menschen lernen dürfen. Sie verfassen im
Internet immer wieder Inhalte, die *weißen* Menschen dabei hel-
fen, sich weiterzubilden. Ihre Namen lauten: Aminata Belli, Tarik
Tesfu, Helen Fares, Nour Khelifi, Dominik Lucha, Igor Levit,
Marie-Pierre Leona, Aminata Touré, Gianni Jovanovic, Natasha
A. Kelly, Hadnet Tesfai, Hadija Haruna-Oelker, Esra Karakaya,
Kübra Gümüşay, Isra Abdou sowie die bereits angesprochenen
Alice Hasters und Tupoka Ogette.

Eines ist mir bei diesem Thema ganz wichtig: Auf keinen Fall sollten wir anderen Menschen ihre Diskriminierungserfahrungen
absprechen – egal worum es geht. Zu einer Person, die von Ab-
leismus, Sexismus oder Rassismus betroffen ist, zu sagen: »Ach,
komm, stell dich nicht so an, das wird schon nicht so schlimm
sein«, ist nicht der richtige Weg. Denn das ist es, was Aktivismus
für mich ausmacht: das gegenseitige Zuhören, Fragen stellen und
das Sensibilisieren.

Das ist eben mit das Hauptproblem des Alltagsrassismus: Er tritt subtil auf und wir erkennen unser Fehlverhalten oder das Fehlverhalten anderer nicht gleich, wenn wir nicht besonders darauf achten. Es sind zunächst »nur« abwertende Blicke in der Bahn, die Zurückweisung an der Tür einer Diskothek oder diskriminierende Darstellungen in Büchern, Zeitungen und Filmen, die PoC's und andere marginalisierte Gruppen erfahren. Oder Sprüche wie: »Du sprichst aber gut Deutsch« und Verallgemeinerungen wie: »Als Asiatin bist du ja bestimmt fleißig und gut in Mathe«, die für Betroffene alltagsrassistisch sein können. Einzelne, individuelle, charakterlich völlig unterschiedliche Menschen werden nach Ethnien, Nationen und Kulturen sortiert und in Schubladen gesteckt. Diese Einordnungen sind meistens negativ und werden von rassistischen Denk- und Handlungsmustern bestimmt. Menschen werden Gruppen zugeordnet, und zwar zu »uns« und »denen«. In der Soziologie nennt man diesen Vorgang »othering«. Er beinhaltet, dass das andere stets negativ bewertet wird. »Die Anderen« sind unzivilisiert, rückständig und kriminell, »wir« dagegen sind zivilisiert und anständig.[7]

Wenn wir über Rassismus sprechen, dann zeigen wir häufig mit dem Finger auf andere. Wir deuten auf die rechtsextreme Szene oder die Vergangenheit, aber weniger auf die Gegenwart und auf unser Umfeld. Dabei ist Alltagsrassismus kein Randphänomen, sondern für Tausende von Menschen in diesem Land bitterer Routine. Als Gesellschaft müssen wir es gemeinsam schaffen, ihn eindeutig zu benennen. Laut zu werden, wenn Menschen benachteiligt werden. Sowohl die unterschwellige als auch die deutliche Form von Rassismus immer wieder thematisieren und sichtbar machen. Nicht wegschauen, wenn wir beobachten, dass jemand wegen Stereotypen benachteiligt wird, sondern uns aktiv dagegenstellen – »allies«, also Verbündete, für Betroffene sein.

Denn wenn das nicht passiert, werden wir Alltagsrassismus nicht bekämpfen können. Eine Gesellschaft, die Alltagsrassismus zulässt und nicht vehement dagegen vorgeht, bietet Nährboden für rechtsextreme Straftaten, die im schlimmsten Fall Menschenleben kosten können.

5.1 WIE DIE CORONA-PANDEMIE (ALLTAGS-)RASSISMUS VERSTÄRKT HAT

»Rassismus ist ein Gift. Der Hass ist ein Gift.«[8] So formulierte es Bundeskanzlerin Angela Merkel am ersten Jahrestag des Anschlags von Hanau und rief zum gemeinsamen Kampf gegen Rechtsextremismus auf. In ihrer Rede hatte sie mit diesen Worten einen Punkt, der die Gefahr von Rassismus sehr eindringlich beschreibt: Gerade der unterschwellig daherkommende Alltagsrassismus schafft es, immer wieder neue Formen anzunehmen. Ein sehr aktuelles Beispiel ist das Wiedererstarken eines antiasiatischen Rassismus, der seit Beginn der Corona-Pandemie weltweit zugenommen hat. Auch in Deutschland. So wurde bereits im Frühjahr 2020, also erst kurz nach Beginn der Pandemie versucht, mit Hashtags wie #IchBinKeinVirus auf den drastisch ansteigenden Rassismus gegenüber asiatisch gelesenen Personen aufmerksam zu machen. Die Journalistin Nhi Le berichtete in einem Artikel für *ZEIT Campus online* von ihren eigenen Erlebnissen:

> *»Seit Beginn der Epidemie vor zwei Monaten schlägt asiatischen und asiatisch-aussehenden Menschen jeden Tag Rassismus entgegen. So viel, dass sie sich gezwungen sehen, zu betonen, kein Virus zu sein (#IchBinKeinVirus). Mit dem Anstieg der Infizierten nahmen auch die Ausgrenzungen und*

Übergriffe zu. Letzten Monat verwehrte eine Musikhoch-
schule allen chinesischen Bewerbern die Aufnahmeprüfung
mit der Unterstellung, sie könnten alle angesteckt sein. Vor
zwei Wochen besprühte ein Mann in München seine chine-
sische Nachbarin mit Desinfektionsmittel und drohte, ihr den
Kopf abzuschneiden. Bis heute bekomme ich fast täglich Nach-
richten, in denen mir Menschen von Anfeindungen gegen sich
und ihre Familien erzählen.«[9]

Und Nhi Les Erzählung über das, was ihr als asiatisch gelesene
Person mitten in Deutschland im Jahr 2020 widerfahren ist, ist
kein Einzelfall. Nach einer Untersuchung der Berliner Humboldt-
Universität, der Freien Universität Berlin und des Deutschen Zen-
trums für Integrations- und Migrationsforschung hat jede zweite
dafür befragte Person mit asiatischem Migrationshintergrund in
Deutschland schon Rassismus erlebt.[10] Die Geschichte des antiasiatischen Rassismus ist alt. Zu den schwersten Fällen von Gewalt, die sich gegen asiatischstämmige Menschen in Deutschland richteten, gehören die Ausschreitungen in Hoyerswerda im
September 1991 und in Rostock-Lichtenhagen im August 1992.
In beiden Fällen wurden Unterkünfte von Geflüchteten und
Asylbewerber:innen sowie Wohngebäude, in denen eine größere Anzahl von Vietnames:innen lebten, von Rechtsradikalen
angegriffen – unter dem Applaus von dabeistehenden Zuschau-
er:innen. Die verantwortlichen Politiker:innen kapitulierten vor
der eskalierenden Gewalt und ließen sowohl in Hoyerswerda
und Rostock-Lichtenhagen viel Zeit verstreichen, anstatt für eine
unmittelbare Festnahme der Täter:innen zu sorgen. Die Fernsehbilder, bei denen Anwohner:innen und Schaulustige laut ju-
beln und klatschen und in Lichtenhagen sogar die Feuerwehr am
Durchkommen hindern, gingen damals um die Welt und sind
auch heute noch erschreckend anzusehen.

Diese Bilder sind zwar glücklicherweise Vergangenheit, asiatisch gelesene Menschen berichten aber auch heute noch vermehrt von körperlichen Übergriffen im öffentlichen Raum und fühlen sich physisch und sozial gemieden. Diese Muster haben sich vor allem zu Anfang der Corona-Pandemie verstärkt. Anfeindungen wie: »Dich sollte man mit Sagrotan einsprühen!«, sind nach Aussagen von Betroffenen keine Seltenheit.[11] Das muss man sich einmal vorstellen: Wildfremde Menschen stellen auf offener Straße einen wirren Zusammenhang zwischen einem Virus und einer Einzelperson her, die auf den ersten Blick eine asiatisch-geprägte Herkunft hat – in welcher Form auch immer. Das ist blanker Rassismus direkt vor unserer Nase.[12] Auch in den USA stieg zu Anfang der Pandemie der Hass gegen asiatisch gelesene Mitbürger:innen. Ein Bericht der Organisation Stop AAPI Hate nennt für den Zeitraum zwischen März 2020 und Februar 2021 etwa 3.800 durch Hass motivierte Vorfälle gegenüber asiatisch gelesenen Personen.[13] Vor allem Beleidigungen, Sachbeschädigung, Belästigung im Internet, Diskriminierung am Arbeitsplatz, Verweigerung von Dienstleistungen und körperliche Angriffe – meist gegen ältere Personen – wurden aufgeführt. Der ehemalige US-Präsident Donald Trump ist dabei sicher einer der Brandbeschleuniger von Asian Hate gewesen. Trump bezeichnete Covid-19 öffentlich als »China-Virus« und prägte damit die Denkmuster von Hunderten Millionen US-Bürger:innen.[14] Die Assoziationen »China« und »Virus« kamen also nicht von irgendwoher. Der mächtigste Mann der Welt hatte selbst für eine Verbreitung dieses Vorurteils gesorgt. Das sollte uns und Teilen der deutschen Medienlandschaft zu denken geben. Denn die Reproduktion von rassistischen Bezeichnungen führt zur Reproduktion von Vorurteilen und kann im nächsten Schritt dazu führen, dass wir, ob bewusst oder unbewusst, rassistisch handeln.

5.2 EINE »GELBE GEFAHR«.
LEHRERIN DANIELA UND ASIAN HATE

Der nächste Termin meiner digitalen Deutschlandreise führt mich nach Frankfurt, wo ich auf Daniela treffe. Daniela ist 25 Jahre alt und frischgebackene Lehrerin, wie sie nicht ohne Stolz in der Stimme erzählt. Es ist mittlerweile Anfang Juni und in ganz Deutschland macht sich eine erste Hitzewelle breit. So sitzen wir uns mit leichten Schweißperlen auf der Stirn gegenüber, während Daniela erzählt. Sie hat bereits früh in ihrem Leben alltagsrassistische Erfahrungen gemacht. Heute will ich mit ihr darüber sprechen.

Mitte der 1980er-Jahre flieht Danielas Vater aus Vietnam nach Deutschland. Damals ist er 19 Jahre alt. In dem Flüchtlingsheim in der Nähe von Frankfurt, in dem er nach seiner Ankunft aufgenommen wird, beantragt er eine sogenannte Familienzusammenführung. Mit Erfolg: Seine sechs Geschwister und Danielas Großeltern kommen ebenfalls nach Deutschland. Und im Flüchtlingsheim passiert noch etwas anderes: Eine Mitarbeiterin stellt Danielas Vater eine sympathische junge Frau vor, ebenfalls eine Vietnamesin, die ebenfalls durch eine Familienzusammenführung seit kurzer Zeit in Deutschland ist. Die Frau von damals ist heute Danielas Mutter. Jetzt leben alle in der Nähe von Frankfurt und »sind eine ganz große Familie«, erzählt sie.

Der Zeitpunkt, ab dem Daniela das erste Mal so richtig mit dem Thema Alltagsrassismus in Berührung gekommen ist, weiß sie gar nicht mehr ganz genau. Es gebe da keinen spezifischen Tag oder eine Situation, an dem sich das punktuell festmachen lässt. Vielmehr sei die Art, die ihr Umfeld ihr schon seit der Grundschulzeit unterschwellig mitgegeben habe, ein dauerhaftes Gefühl des Anders-Seins. Ein Gefühl des »Nicht richtig

Dazugehörens«. Daniela betont zwar, dass sie eigentlich nie andere asiatischstämmige Freunde oder ein migrantisch-geprägtes Umfeld gehabt habe, sondern schon immer »unter Deutschen« groß geworden sei, aber auch hier früh merkt, dass sie anders behandelt wird. Irgendwas scheint mit ihr nicht zu stimmen, zumindest wird sie vermehrt von Kindern, aber auch von Erwachsenen gefragt, »wo sie denn jetzt WIRKLICH« herkomme. Daniela findet diese Frage seltsam, aber gewöhnt sich irgendwann an, mit »aus Vietnam« zu antworten. Ihr Verhalten von damals, das Vorschieben eines Herkunftslandes, aus dem sie überhaupt nicht kommt – schließlich ist sie in Frankfurt geboren –, erklärt sie sich heute so: »Es war für mich klar, dass ich aus Vietnam komme. Nur ist die Sache halt die: Bis zu meinem neunzehnten Lebensjahr war ich nie in Vietnam. Ich hatte keine Ahnung, wie es da aussieht. Trotzdem habe ich dieses erklärende ›Ich komme aus Vietnam‹ gesagt.«

Auf meine Nachfrage, ob sie sich heute erklären kann, warum sie damals so gehandelt hat, nickt Daniela: »Ich wusste einfach schon sehr früh, dass es das ist, was die Leute hören wollen, wenn sie mich sehen.« Ihre feinen asiatischen Gesichtszüge und ihr sehr deutscher Name, das hat schon immer ihr Umfeld verwirrt, sagt sie. In den Köpfen der Menschen, die mit ihr zu tun haben, machen ihr Name und ihr Aussehen keinen Sinn. Ein Mädchen, das Daniela heißt und nicht »biodeutsch«, wie sie es sagt, aussieht? Das kann es nicht geben, sie muss zwangsläufig aus Asien kommen! Und weil es am einfachsten ist und die Fragen nach ihrer Herkunft so am schnellsten aufhören, gewöhnt sich Daniela daran, einfach »Ich komme aus Vietnam« zu antworten. Diese Erklärung, diese beruhigende Einordnung, hat sie immer für andere abgegeben, nie für sich selbst, erzählt sie mir heute vor der Webcam.

»Ich glaube, das liegt auch ein wenig an meinen Eltern«, fährt Daniela fort und nimmt einen Schluck aus ihrer Kaffeetasse.

»Die haben mir immer eingetrichtert: Du bist zwar Daniela, du bist hier natürlich auch geboren, aber tief im Inneren bist du eigentlich Vietnamesin.« Daniela erklärt sich das auch mit der Kultur, aus der ihre Eltern stammen und die viel mit autoritärem Verhalten zu tun habe, bekräftigt aber trotzdem, dass ihre Eltern deutlich liberaler seien als andere vietnamesische Familien.

Ich will wissen, ob sie bereit ist, mir mehr von ihren alltagsrassistischen Erfahrungen zu berichten. Sie nickt und erzählt: In der Grundschule wurde sie nie gehänselt oder Ähnliches, aber als sie in die Pubertät kam, das erste Mal die Pille nahm, durch die Hormone auch ihre Brüste wuchsen, hieß es nicht selten, auch mal quer über den Schulhof gerufen: »Eine Asiatin mit großen Brüsten? Wo gibt's denn so was?«

Vor allem auf dem Gymnasium häufen sich solche und ähnliche Sprüche. Oft geht es auch um ihre Herkunft. Vor allem eine damals gemachte Erfahrung schildert Daniela sehr eindringlich. So nennt die Oma ihres ersten Freundes sie »die gelbe Gefahr«. Ich bin kurz geschockt. »Die gelbe Gefahr«? Ernsthaft?

»Ganz ehrlich, ich wusste damals nicht, wie ich das ansprechen soll«, sagt Daniela durch die Webcam hindurch und zuckt mit den Schultern.

»Du willst ja auch höflich sein und niemandem auf den Schlips treten. Aber im Nachhinein denke ich mir schon: Alter, was hat die denn da von sich gegeben?« Das Problem war eben auch, dass es für diese Frau normal war, so mit Daniela zu sprechen. Sie rassistisch in einem Nebensatz zu beleidigen, als wäre daran nichts verwerflich, sondern normal. Eben »die gelbe Gefahr«, die mit ihrem Enkel zusammen ist. »Stammtisch-Humor« der schrecklichsten Sorte.

Rückblickend betrachtet findet Daniela heute, dass sie mit dieser »Na ja, ist doch jetzt auch egal«-Haltung viel zu lange durch ihr Leben und durch ihren Alltag gegangen ist. Denn

»gelbe Gefahr« genannt zu werden, ständig gefragt zu werden, woher man denn jetzt wirklich komme, das sei eben »nicht egal«. Als sie jetzt weiterspricht, spüre ich, wie es in Daniela brodelt. Das Thema, das ist ganz klar, beschäftigt sie schon ihr Leben lang. Und es ist unfair, dass es ihr Thema ist, schließlich sind es ja die anderen Personen, die sie reduzieren und sich falsch verhalten.

Ich will wissen, was ich tun kann, um Vorurteile, die Daniela und andere Menschen betreffen, aufzubrechen. Daniela nickt. Darüber hat sie in der Vergangenheit viel nachgedacht: »Ich glaube tatsächlich, es geht nur, wenn man sich einfach gegenseitig zuhört. Es ist wichtig, unvoreingenommen in Gespräche zu gehen und empathisch zu sein.«

Das ist auch etwas, was sie in ihrer Arbeit als Lehrerin verstärkt vermitteln will: die eigene Empathie auszubauen und die angelernten Stereotypen zu überwinden.

Ich nicke in die Kamera. Denn mir ist natürlich klar, dass es nicht cool ist, jemanden als »gelbe Gefahr« zu bezeichnen.

Daniela spricht weiter: »Es braucht einfach viel mehr Empathie und ein aufrichtiges, unvoreingenommenes Interesse an der Geschichte der anderen Person, mit der du dich unterhältst. Und ich sage auch nicht, dass ich perfekt bin. Aber es geht einfach um Neugier, die einhergeht mit Empathie. Mit einem gewissen Einfühlungsvermögen zu sagen: Okay, du hast einen anderen Background, ich habe einen anderen Background, aber trotzdem finden wir einen Weg, wie wir uns unterhalten können.«

Passend zum Thema Empathie und Unvoreingenommenheit erzählt Daniela eine Geschichte aus der jüngsten Vergangenheit. Vor Kurzem erhielt sie ihre zweite Corona-Impfung. Die Impfärztin sei ungefähr in ihrem Alter gewesen, erzählt sie. Die Ärztin fragte beiläufig, ob sie zufällig mit einem deutschen Turner verwandt sei, der zufälligerweise Danielas Nachnamen trägt. Daniela verneinte. Kurze Zeit später, nach erfolgter Impfung, hält die Impfärztin ihr eine Visitenkarte vors Gesicht.

Es ist die Visitenkarte eines vietnamesischen Restaurants um die Ecke. Eine Art Empfehlung für Daniela. Wie unangenehm. »Und ganz ehrlich: Das fand ich so unfassbar taktlos. Denn in diesem Moment dachte ich mir: Wow … It happened again!«, sagt sie. Ich schweige kurz. Das ist so eine Situation, die ich nur versuchen kann, nachzuvollziehen, aber selbst natürlich nicht erlebt habe. Aber genau das ist es, was Alltagsrassismus ausmacht. Dass solche Kommentare, Bemerkungen und Gesten subtil in unserem Alltag auftreten und als »nicht schlimm« gelten. Aber der Hinweis auf ein vietnamesisches Restaurant, was auch immer Daniela jetzt damit zu tun haben soll, ist eben im Kern alltagsrassistisch, auch wenn es möglicherweise nicht so gemeint war. Er sagt aus: Du siehst doch anders aus. Du musst woanders herkommen. Und wenn nicht, dann müsstest du doch dieses oder jenen kennen. »Ich bin einfach müde davon«, fasst Daniela die Erfahrungen der Vergangenheit zusammen und atmet schwer aus. Es sei der immer gleiche Ablauf, immer wieder aufs Neue erklären zu müssen, wo sie denn jetzt herkommt (eben Frankfurt). Mit wem sie jetzt nicht verwandt ist. Dass sie nicht so toll in Mathe ist, »obwohl doch Asiaten das eben seien«. Und dass sie auch nichts mit dem vietnamesischen Restaurant um die Ecke zu tun hat. Aber Daniela sagt, dieses ständige Dagegenhalten mache einen auf Dauer eben mürbe. Und irgendwann denkt man sich eben: Okay, es bringt halt nichts – und resigniert.

Auch in Danielas Berufsalltag in ihrer Schule stört es sie, wenn Eltern sie beim Elternabend nach ihrer Herkunft fragen. Dann bringt sie einen, wie ich finde, sehr passenden Vergleich. Eine blonde, blauäugige Lehrerin werde weniger nach ihrer Herkunft gefragt als sie. Und auch hier geht es ausschließlich ums Aussehen. Das allein sei der Grund, warum sie solch eine Frage gestellt kriege. »Dabei sollte es doch gerade in der Schule um meine Fähigkeiten als Lehrerin gehen.« Und ich fühle mich an das Gespräch mit Fußball-Schiedsrichterin Franzi erinnert, die nach denselben Parametern wie ihre männlichen Kollegen beurteilt werden will. Und nicht danach, dass sie eine Frau ist.

Wir kommen auf ein Thema zu sprechen, das sich in den letzten anderthalb Jahren verstärkt entwickelt hat: Corona und der Alltag als Frau in der Pandemie mit asiatischen Gesichtszügen. Auch weil die Medien früh vom »China-Virus« sprachen, hatte Daniela das Gefühl, sie würde in der Öffentlichkeit anders gesehen und behandelt werden. »Irgendwie wurden wir alle über einen Kamm geschert«, sagt sie. Jeder Mensch, der asiatische Gesichtszüge habe, hätte zwangsläufig etwas mit dem Virus zu tun, so ihre Wahrnehmung.

Dass diese Wahrnehmung nicht nur subjektiv ist und sie aufgrund ihres Aussehens fast schon tätlich angegriffen wird, erlebt sie im April 2020. Sie geht am helllichten Tag eine Straße entlang. Drei Jungs kommen auf sie zu. Sie husten sie ohne Maske an und rufen dabei »aus Spaß«: »Corona!!! Corona!!!« Wie bitte? Im Ernst? Daniela nickt mit zusammengepressten Lippen, als sie von dieser Erfahrung erzählt, die für mich und viele andere sicher schwer vorstellbar ist. An diesem Tag im Frühjahr habe es ihr aber endgültig gereicht. Wütend bleibt sie stehen, stellt sich vor die drei Jungs hin und fragt sie, ob das gerade Gerufene wirklich ihr Ernst sei. Diese direkte Ansprache irritiert die Typen offensichtlich. Dass Daniela sie so direkt zur Rede stellt, damit hatten sie wohl nicht gerechnet. Es ist spannend zu erfahren, wie Daniela selbst sagt, dass sie vor einigen Jahren diesen Move vielleicht nicht gemacht hätte. »Aber in dem Moment hat es mir dann auch einfach mal gereicht.«

Dass diese richtige und wie ich finde auch mutige Reaktion allerdings nicht nur auf Verständnis stößt, merkt sie, als sie die

Geschichte ihren Eltern erzählt. Ihre Mutter meinte nach dem Vorfall, dass Daniela das ja nicht habe machen müssen. Sie, also Daniela, hätte ja auch einfach weitergehen können, es sei doch schließlich egal, was diese drei Jungs rufen würden. Daniela schüttelt damals wie heute den Kopf. »Aber das war es in dem Moment eben nicht«, sagt sie. Und ich finde es stark, wie sie hier einen ganz klaren Standpunkt vertritt. Denn auch dazu gehört viel Mut.

»Die Sache ist die, dass meine Eltern eben eher noch zu der Generation gehören, die sagt: Wir probieren, uns hier so gut es geht anzupassen.« Ihre Eltern hätten sie eben so erzogen, dass man sich anpassen und die Umstände, die man vorfindet, hinnehmen müsse, statt etwas zu ändern. Vielleicht ist das generell so ein Ding zwischen Generationen, philosophieren wir. Ihre Eltern, sagt Daniela, hatten es in Deutschland sehr viel schwerer als sie heute. Sie mussten sich in einem fremden Land zurechtfinden, die Kinder großziehen, alle Behördengänge ohne Hilfe erledigen und vor allem Geld verdienen, um sich abzusichern. Anfeindungen wurden erst mal weggesteckt und hingenommen und der Fokus auf die Zukunft der Kinder gerichtet. Bei ihrer jüngeren Schwester und ihr sei das ein wenig anders. Gerade ihre Schwester sei eine Person, die »viel eher rumbrüllt«, wenn sie sich benachteiligt fühlt. Sie sei die Erste, die sich aktiv gegen alltagsrassistische Äußerungen wehre. Daniela glaubt, dass die nächste Generation an jungen Menschen, die hier groß werden und nur noch die Geschichten ihrer Großeltern kennen, viel mehr auf Gleichbehandlung achten werden. Ich warte kurz und teile Daniela dann meine Gedanken mit: »Und ich glaube, dass wir uns gerade in so einer Art Umbruchphase befinden. Gerade während Corona haben wichtige Themen durch das Netz und Social Media viel mehr Präsenz als sonst bekommen. Das Attentat von Hanau, der Tod von George Floyd … Das alles waren Dinge, die im letzten Jahr passiert sind. Gerade jetzt haben wir als Gesellschaft die Möglichkeit zu überlegen, wie wir gemeinsam ein besseres Morgen gestalten können.«

Kurz vor dem Ende unseres Gesprächs will ich von Daniela wissen, was sie sich für die Zukunft wünscht. Daniela holt tief Luft, bevor sie antwortet: »Ich würde sagen, dass die Menschen einfach ein bisschen offener für ihre Umwelt sein sollten. Es sollte in unserer Gesellschaft ein viel tieferes Bewusstsein dafür geschaffen werden, wer einem gerade gegenübersitzt. Dass man sich auch manchmal in andere reinversetzt, auch wenn das schwerfällt: Würde ich selbst gerne gefragt werden wollen, »wo ich denn eigentlich herkomme«? Ich glaube, Empathie ist einfach superwichtig. Wir leben eben in einer Gesellschaft, in der wir miteinander klarkommen müssen, und das funktioniert eben nur, wenn man einander zuhört und auch am anderen interessiert ist. Du kannst nicht einfach mit Scheuklappen durchs Leben gehen, das hat noch nie funktioniert.«

Dann erwähnt Daniela noch den Podcast »Rice and Shine« von Minh Thu Tran und Vanessa Vu. Der hätte ihr in ihrem Alltag sehr geholfen, weil sie sich in den beiden Frauen sehr gut wiedererkennt. »Das sind eben zwei Mädels, die hier geboren und aufgewachsen sind und denselben Struggle haben wie ich. Und es ist gut zu wissen, dass man damit eben nicht alleine ist. Solche Podcasts, die unterhaltsam sind, aber gleichzeitig auch aufklären, wie die Lebenssituation von Menschen ist, deren Eltern Migrant:innen sind, können viel bewirken«, sagt Daniela. Sie können dabei helfen, das Selbstverständnis einer ganzen Generation zu prägen. Einer Generation von Menschen wie Daniela, die hier aufgewachsen sind und trotzdem immer wieder mit Alltagsrassismen konfrontiert werden. Aber, und da ist sie sich zum Ende des Gesprächs ganz sicher: »Es wird besser werden.«

6. THEMENKOMPLEX:

DIGITALE GEWALT

Im Themenkomplex (Alltags-)Rassismus habe ich über den Mord an Walter Lübcke geschrieben. Vor dem Attentat wurde der Politiker jahrelang im Internet angefeindet – und hat sogar Morddrohungen bekommen. Auch mir ist so was nicht fremd. Auch mir haben schon Menschen den Tod gewünscht, weil ich in den sozialen Medien meine Meinung gesagt habe. Das bringt mich zum nächsten Thema: Digitale Gewalt.

Als ich 2013 damit begonnen habe, Instagram zu nutzen, war die App anfangs mein Happy Place. Ich habe Fotos von mir, meinen Freundinnen, meinem Hund, meinen Katzen und von leckerem Essen gepostet – normale Alltagsimpressionen eben. Hasskommentare oder Beleidigungen waren mir da noch völlig fremd. Das änderte sich allerdings, als ich anfing, freizügigere Fotos von meinem Körper in Sportoutfits zu posten. »Du fette Sau, das ist ja total ekelhaft« und »Du hässliches Stück Scheiße« waren nur zwei der Kommentare, die ich lesen musste. Zu diesem Zeitpunkt haben sie mich verletzt und verunsichert. Ist ja auch klar. Ich hatte damals nicht das Selbstbewusstsein der 31-jährigen Lou. Ich habe viel geweint und hatte das Gefühl, dass die ganze Welt mich genauso wahrnimmt wie die Personen, die mir die Beleidigung geschrieben haben. Rückblickend war das eine viel weniger extreme Qualität des Hasses, wie ich und viele andere Frauen, die in der Öffentlichkeit stehen, ihn heute erleben.

Insbesondere in den vergangenen anderthalb Jahren habe ich festgestellt, dass der Ton in den sozialen Medien rauer geworden ist. Je öfter ich mich zu Themen äußere, die mir am Herzen liegen, meine Meinung sage, mich politisch engagiere oder einfach nur eine Haltung habe, desto extremer werden die Kommentare. Früher hieß es nur »Du bist wahnsinnig hässlich und deine Beine sind zu dick«. Jetzt schreiben Menschen mir: »Ganz ehrlich? Ich hoffe, du wirst von einem Auto überfahren«. Oder: »Ich hoffe, du stirbst«. Oder auch mal: »Ich hoffe, du wirst von einem Ausländer vergewaltigt«. Die Kommentare und Nachrichten sind härter, direkter und persönlicher geworden.

Vor einiger Zeit machte ich auf Instagram auf den hetzerischen Beitrag eines AfD-Landtagsabgeordneten aufmerksam. Dieser schrieb über das Bild eines überfüllten Bootes mit geflüchteten Menschen: »Werde auch du zum Helden und bleib zuhause. Zusammen gegen Corona«. Ich war fassungslos von so viel Unmenschlichkeit und konnte nicht begreifen, wie jemand überhaupt auf die Idee kommt, so etwas zu veröffentlichen. Ich wollte diese Frechheit nicht stehen lassen und machte auf meiner Seite darauf aufmerksam. Ich teilte seinen Beitrag mit der Überschrift »Das ist Roger von der AfD« und schrieb darunter den Satz: »Sei kein Roger aus der AfD. Sei cooler«.

Es dauerte nur wenige Minuten, bis eine ganze Armee von AfD-Anhänger:innen, Bots und Fake Accounts auf meiner Instagram-Seite waren und die Kommentarspalte des Beitrages zuspammten. Das Ziel war klar: Die Deutungshoheit über die Debatte an sich reißen. Zwar erhielt ich auch sehr viel Zuspruch und Solidarität, aber, so schien es mir, Hunderte Pro-AfD-Accounts tummelten sich plötzlich auf meinem Kanal. Auch die Kommentare anderer User:innen, die meinen Beitrag gut fanden, wurden mit Beleidigungen regelrecht geflutet. Ich versuchte, das Ganze zu moderieren, aber irgendwann kam ich mit dem Löschen der Beleidigungen nicht mehr hinterher. Gleichzeitig füllte sich mein Nachrichtenpostfach mit Beschimpfungen der übelsten Sorte. »Geh doch mit aufs Boot, hoffentlich stirbst du da«, war nur eine der Nachrichten, die ich bekommen habe. Andere Nutzer – ich gendere hier bewusst nicht – beschrieben detailreich, wie man mich umbringen sollte oder wie man mir anderweitig Schaden zufügen könne. Ich verfiel in eine Schockstarre und war wie gelähmt. Es wurde mir zu viel. Ich musste zeitweise die Kommentarfunktion unter meinem Beitrag ausstellen, damit ich zu dem ganzen Hass Distanz aufbauen konnte, auch wenn das bei den nicht enden wollenden Nachrichten gar nicht so einfach war. Der Kloß in meinem Hals wurde immer dicker. Krass, was da im Internet oft abgeht. Alles, was ich getan hatte, war, mich für etwas einzusetzen, was mir wichtig ist. Nämlich klare Kante gegen rechts zu zeigen. Und das war jetzt der Hass, den ich zurückbekam. Erst nach einigen sehr anstrengenden Tagen kehrte schließlich etwas Ruhe ein.

In diesem Fall, aber auch bei anderen Shitstorms, die ich in der Vergangenheit erlebt habe, half es mir sehr, dass meine Freunde für mich da waren – sowohl analog als auch digital. Nachrichten wie »Ich sehe dich« oder »Ich denke an dich« gaben mir Kraft und halfen mir, die digitale Gewalt, die ich erfahren musste, durchzustehen. Es tat auch gut, dass andere Menschen, die in der Öffentlichkeit stehen, mir bei diesen Ereignissen durch ihre Erfahrung mit ähnlichen Shitstorms beistanden. Nachrichten wie: »Warte ab«, »Ich hatte so etwas auch schon mal« oder »Es geht vorbei. In ein paar Tagen wird die nächste Sau durchs Dorf getrieben«, machten mir Mut.

Mit mir hat die Erfahrung, fast täglich so viel Hass im Internet erleben zu müssen, viel gemacht. Vor allem mental. Nach sieben Jahren, die ich bereits in den sozialen Medien unterwegs bin, bin ich immer noch dabei, zu lernen, wie ich am besten mit Shitstorms und digitaler Gewalt umgehe. Ich lasse mich deswegen bis heute regelmäßig coachen.

Ich merke immer mehr, wie sehr mir der Spaß daran verloren geht, mich mit Menschen in den sozialen Medien auseinanderzusetzen. Ich bin müde. Ich ertappe mich immer öfter dabei, dass ich mit mir ringe und mich frage, ob ich mich zu tagesaktuellen Themen äußern soll oder nicht. Ich habe dann nur die Wahl zwischen »Berichterstattung inklusive Hassnachrichten« oder »nicht äußern und entspannen«. Manchmal aber nicht mal das. Denn inzwischen werde ich auch immer öfter angefeindet, wenn ich mich nicht zu beispielsweise politischen Themen äußere. Zuletzt ist mir das im Zusammenhang mit der Eskalation im Nahen Osten im Mai 2021 passiert. Ich hatte beschlossen, nichts dazu zu veröffentlichen, weil ich mich in der sehr komplizierten Thematik zu wenig auskenne und mich entsprechend unsicher fühle, dazu etwas zu sagen. Sofort wurde ich mit zig beleidigenden Nachrichten konfrontiert. Während die einen mich als Antisemitin bezeichneten, kam von der anderen Seite der Vorwurf, dass ich muslimfeindlich sei. Wenn ich ehrlich bin, muss ich mir eingestehen, dass sich das alles immer mehr auf meine mentale Gesundheit auswirkt.

Und klar könnte man jetzt sagen: Hey, Lou, dann lies doch einfach keine privaten Nachrichten mehr und stell die Kommentarfunktion aus. Aber das ist ja genau das, was ich nicht möchte. Menschen sollen Meinungen unter meinen Beiträgen austauschen. Menschen sollen konstruktiv miteinander streiten. Wir müssen auch in Zukunft miteinander reden können. Wenn allerdings digitaler Hass und digitale Hetze immer präsenter werden und wir es nicht mehr schaffen, einander auf einer sachlichen Ebene zu begegnen, kann es ganz schnell passieren, dass sich viele Menschen nicht mehr an gesellschaftlichen Unterhaltungen beteiligen möchten. Und das kann zur Folge haben, dass die Deutungshoheit bei den wenigen liegt, die Hass im Internet streuen, um zum Beispiel demokratiefeindliche Erzählungen zu verbreiten. Bei mir ist es inzwischen auch nicht beim Hass im Internet geblieben. Dieser Hass hat mich vor einigen Monaten sogar vor meiner Wohnungstür heimgesucht, genauer: in meinem Briefkasten. Ein Briefumschlag, auf dem stand »Keine linken Fotzen« und rohe Eier sollten mich in meiner Arbeit einschüchtern. Feststellen zu müssen, dass aus digitaler Gewalt auch Anfeindungen im echten Leben werden können, macht mir Angst. Und wenn ich ganz ehrlich bin, habe ich in den Wochen nach dem Vorfall öfter mal an Walter Lübcke gedacht. Inzwischen findet man meinen Namen nicht mehr an meiner Klingel.

Aber zurück in die digitale Welt. Die Corona-Pandemie hat den Hass im Netz meiner Meinung nach verstärkt. Viele Menschen sind öfter und länger zu Hause gewesen und waren mehr im Internet unterwegs als sonst. Gleichzeitig gab es weniger Möglichkeiten, analog miteinander zu sprechen, sodass ich mir gut vorstellen kann, dass sich viel Frust und Unsicherheit ins Internet verlagert haben. Ich habe außerdem das Gefühl, dass diejenigen, die mir Bullshit-Nachrichten schreiben, auch immer mehr die juristischen Grenzen austesten und sich in der Sicherheit der Anonymität wiegen. Im Internet kann jemand ganz einfach eine andere Person mit »Du bist eine Fotze« beschimpfen, ohne dass groß etwas passiert. Wenn man das aber offline macht, kann ich sie ganz locker wegen Beleidigung anzeigen. Klar, mittlerweile geht das im Internet auch, aber darüber wissen die wenigsten Menschen Bescheid – und meiner Erfahrung nach geschieht bei diesen »Kleinigkeiten« wie Beleidigungen und sogar Bedrohungen juristisch oft viel zu wenig.

6.1 MIT MEDIENKOMPETENZ GEGEN HASS IM NETZ

Wenn wir über digitale Gewalt sprechen, müssen wir vor allem an junge Menschen denken, für die ein Leben ohne Instagram, TikTok und Co. kaum noch vorstellbar ist. Neulich erzählte mir eine Freundin von ihrem kleinen Bruder. Der erwähnte beim gemeinsamen Abendessen am Küchentisch, dass er und seine Freunde sich gegenseitig pornografische Bilder und Videos zuschicken. Er erzählte von einem Clip mit der Überschrift: »Schlafende Frau wird gefickt«. Meine Freundin war völlig fertig und ich konnte mich sehr gut in sie hineinversetzen. Ihr kleiner Bruder, der während unseres Gesprächs ungefähr 14 Jahre alt war, hatte zu keinem Zeitpunkt das Gefühl, etwas Falsches zu tun. Er fand das Video einfach nur »krass« und machte sich keine weiteren Gedanken darüber, ob hier eine Frau misshandelt und dabei auch noch gefilmt worden ist. Einer kommenden, jungen Generation wird durch solche Videos vorgegaukelt, dass es in Ordnung ist, mit einer schlafenden Person Sex zu haben. Dabei wissen Jugendliche in diesem Alter noch gar nicht, was Sex eigentlich genau bedeutet. Der Konsum dieser Inhalte kann schnell ein verzerrtes Bild von einvernehmlichem Geschlechtsverkehr entstehen lassen. Das ist gefährlich. Und das war noch nicht alles.

Unter dem Video waren Kommentare zu lesen wie: »Die kleine Nutte« oder: »So eine hässliche Kackbratze ist doch nur zum Ficken da«. Es ist sehr problematisch, wenn junge Menschen keine Ansprechpartner:innen haben, um über ihren Medienkonsum zu sprechen. Für den Bruder meiner Freundin, der vielleicht noch nie ein Mädchen geküsst hat, ist es normal, solche Videos auf seinem Handy zu haben und sie zu verschicken. Er liest hasserfüllte Kommentare über Frauen, als seien sie das Normalste der Welt.

Deshalb finde ich es wichtig, dass die Schule einen Raum bietet, in dem das Thema digitale Gewalt besprochen wird. Dass es einmal die Woche eine Stunde gibt, in der eine Lehrerin oder ein Lehrer fragt: Welche Videos habt ihr in letzter Zeit gesehen, welche YouTuber oder Streamer schaut ihr euch an? Womit befasst ihr euch? Und was ist daran vielleicht problematisch? Ginge es nach mir, dann sollte das Schulfach Medienkompetenz überall in Deutschland Pflicht werden – direkt in der Grundschule am besten.

Aber es ist an dieser Stelle auch wichtig zu sagen, dass Lehrer:innen hier nicht die alleinige Verantwortung tragen sollten. Es gibt viele engagierte Lehrkräfte, die sich solcher Themen schon jetzt annehmen, darüber sprechen – und gleichzeitig noch ihrer »normalen« Arbeit und ihrem »normalen« Lehrplan nachgehen müssen. Ich glaube, es gibt hier ein strukturelles Problem, das mit unserem Bildungssystem zu tun hat. Die Bundesländer müssen die notwendigen Strukturen schaffen, nicht die einzelnen Lehrkräfte. Zwar gibt es vermehrt einzelne Organisationen und Verbände, die an Schulen kommen und mit Schüler:innen über Medien sprechen, aber einmal kurz auftauchen, quasi als Sondertag, ist in unserer schnelllebigen, digitalisierten Zeit nicht zielführend. Solche Aktionen, Begegnungen und Austausche müssen regelmäßig stattfinden. Und auch die Eltern tragen Verantwortung. Aber viele von ihnen sind oft damit überfordert, sozialen Medien selber zu folgen. Soziale Medien formen die Gesellschaft von morgen. Es ist deswegen auch bei diesem Thema unumgänglich, dass Politiker:innen sich Lösungen einfallen lassen – und zwar jetzt.

Für mich schließt sich bei dem Thema digitale Gewalt der Kreis zum Thema Medienkompetenz. Denn ich bin der festen Überzeugung, dass einer jungen Generation viel eindringlicher vor

Augen geführt werden muss, was Hass, gerade im Netz, auslösen kann. Es ist also unabdingbar, kommenden Generationen zu vermitteln, dass das Internet und soziale Netzwerke keine rechtsfreien Räume sind und es nicht nur uncool ist, dort jemanden zu beleidigen oder zu drangsalieren, sondern auch ein echter Straftatbestand – der geahndet werden kann. Und das ist auch gut so. Denn die Folgen von digitaler Gewalt können massiv sein, wie das Beispiel im nächsten Kapitel zeigt.

6.2 WENN DIGITALE GEWALT ZUM TOD FÜHRT. DER MORDFALL WALTER LÜBCKE

Wozu digitale Gewalt im Extremfall führen kann, zeigt der Mord an Walter Lübcke. Der Familienvater und Politiker berichtete am 14. Oktober 2015 im Bürgerhaus der hessischen Gemeinde Lohfelden in seiner Funktion als Regierungspräsident von Kassel über die Pläne einer Erstaufnahmeunterkunft des Landes für Geflüchtete in der Region – eine ganz normale Informationsveranstaltung eigentlich. Solche Termine laufen bundesweit meist ähnlich ab: Die örtlichen Behörden versuchen mit den Menschen zu reden und ihnen zu erklären, wer in die Nachbarschaft einziehen wird und woher die zukünftigen Bewohner:innen kommen. Kurz, es geht um Aufklärung, um so Ängste zu verringern und den Bürgerdialog zu suchen. An diesem Tag nutzten allerdings rechte Gruppen die Veranstaltung, um genau das Gegenteil zu bewirken. Walter Lübcke wurde an diesem Abend immer wieder unterbrochen und beschimpft. Bis er dann diesen einen Satz sagt, von dem sich Rechte im ganzen Land provoziert fühlen: »Wer diese Werte nicht vertritt, kann jederzeit dieses Land verlassen.« Lübcke wird dabei gefilmt. Ein einminütiges Video von der Veranstaltung wird ins Netz hochgeladen. Im Video hört man vereinzelt Leute »Buh«, »Pfui« und »Verschwinde« rufen. In den Kommentaren unter dem Video wird es noch krasser. Hier entlädt sich der blanke Hass auf ihn, und die Kommentare sind bis heute einsehbar. »Dreckiges Arschloch! Verpiss dich selber!« Der Mann, der aufklären und eine Hand reichen wollte, wird zur Zielscheibe gemacht. Dann geht es schnell. Auf einer rechten Webseite wird ein Text über die Veranstaltung hochgeladen, seine Büroadresse wird neben seiner Telefonnummer und seiner E-Mail-Adresse veröffentlicht. Weitere Texte in anderen rechtsextremen Medien erscheinen über ihn, das Video wird aus dem Zusammenhang gerissen. Damals sagt Lübckes Sprecher der *Süddeutschen Zeitung*, in der Zeit nach der Veranstaltung habe der Regierungspräsident eine Welle von Hass-Mails und Drohungen bekommen, auch aus dem Milieu sogenannter Reichsbürger. Lübcke erhält Polizeischutz.

Einige Tage später, am 19. Oktober 2015, feiert die Pegida-Bewegung in Dresden ihr einjähriges Bestehen. Einer der Hauptredner ist Akif Pirinçci, der seine Rede mit einer Beschreibung der Bürgerversammlung in Lohfelden beginnt. Er kommentiert den Satz von Walter Lübcke so: »Offenkundig scheint man bei der Macht die Angst und den Respekt vor dem eigenen Volk so restlos abgelegt zu haben, dass man ihm schulterzuckend die Ausreise empfehlen kann, wenn er gefälligst nicht pariert.« Und dann weiter: »Es gäbe natürlich auch andere Alternativen. Aber die KZ sind ja leider derzeit außer Betrieb.« Die Menschen in Dresden, sie applaudieren, als Pirinçci diese Worte spricht. Auch das ist Deutschland. In den Folgejahren verbreiten verschiedene Personen den rund einminütigen Videoclip von Lübckes Auftritt weiter im Netz. Lübckes Alltag wird immer wieder von Gewaltaufrufen und Morddrohungen begleitet und vermehrt tauchen in den Kommentaren zum Video Bilder von Galgen und Pistolen auf.

Im Februar 2019 greift ein rechtsextremer Blog den Videoausschnitt erneut auf und reißt dabei wieder Lübckes Aussage aus dem Zusammenhang.[1] Die AfD-nahe Politikerin Erika Steinbach, die Anfang 2017 aus der CDU ausgetreten war, hatte den Clip bereits zwei Jahre zuvor auf Twitter und Facebook verlinkt und teilt ihn noch einmal am 18. Februar 2019. Auf Twitter kommentiert sie: »Zunächst sollten die Asylkritiker die CDU verlassen, bevor sie ihre Heimat aufgeben!« Auf Facebook ergänzte sie: »Nichts hat sich nämlich wirklich gebessert …«

Und dann passiert es: Am 1. Juni 2019 zwischen 23:20 und 23:30 Uhr wird Walter Lübcke auf der Terrasse seines Wohnhauses von einem Rechtsextremisten erschossen.

Aber als sei dieses Ereignis und die Geschichte dahinter nicht schon tragisch genug, äußern in sozialen Medien nun weiter Rechtsextreme und Rechtspopulisten ihre Freude über Lübckes Ermordung. Sie beleidigen und verhöhnen den Toten, manche kündigen sogar weitere Anschläge an.[2] Mehrere Politiker:innen in Deutschland erhalten Morddrohungen, darunter Dr. Karamba Diaby, der später in diesem Kapitel selbst zu Wort kommen wird.

Die Ermordung von Walter Lübcke zeigt, wohin rechter Hass und Hetze, die über die Jahre immer wieder digital befeuert werden, letztendlich führen können. Ich finde es wichtig, genauso wie über Hanau auch immer wieder über Walter Lübcke und über die Mechanismen hinter dem Hass zu sprechen. Es kommt immer wieder vor, dass Menschen vor eben diesem Hass kapitulieren. Kürzlich führte er dazu, dass ein junger vielversprechender Politiker nicht mehr für ein politisches Amt kandidieren wollte. Mitten in Deutschland, im Jahr 2021. Auch das ist eine Geschichte, die unbedingt in diesem Buch erzählt werden muss, denn sie illustriert, inwieweit der digitale Hass Einfluss auf unser gemeinsames Zusammenleben hat. Die Rede ist von Tareq Alaows, dessen Plan es war, als erster syrischer Geflüchteter für den Bundestag zu kandidieren. Leider wurde aus dem Vorhaben, das ein wahnsinnig schönes und wichtiges Zeichen hätte werden können, nichts. Wenige Wochen nach der Bekanntgabe seiner Kandidatur für die Grünen im Wahlkreis Oberhausen-Dinslaken (NRW) zog er diese zurück. Als Grund nannte er Drohungen und Rassismuserfahrungen der jüngsten Vergangenheit. In seiner Begründung schrieb er dazu: »Die hohe Bedrohungslage für mich und vor allem für mir nahestehende Menschen ist der wichtigste Grund für die Rücknahme meiner Kandidatur.«[3] Im *ZEIT Online*-Interview beschrieb er, wie er einerseits von der Anzahl, aber auch von der Qualität der Hassnachrichten im Netz überrascht wurde: »Das sind nicht einfach nur Kommentare, das ist Gewalt aus dem Internet. Und die ist mit dem realen Leben verbunden«, sagte er.[4] Sein Team verbrachte nach eigenen Aussagen jeden Tag mehrere Stunden damit, Hasskommentare zu sichten, zu dokumentieren und zur Anzeige zu bringen. Die Drohungen richteten sich nach seiner Aussage aber nicht nur gegen ihn, sondern auch gegen Familienangehörige, die noch in Syrien leben. Eine schreckliche Vorstellung, dass ein junger aufstrebender Politiker, der es trotz aller Widrigkeiten schafft, sich innerhalb kürzester Zeit politisch zu engagieren, sich dem Hass von anonymen Fremden beugen muss. Das ist in tiefstem Maße beschämend. Als Reaktion auf den Rückzug seiner Kandidatur veröffentlichten die Grünen ein Maßnahmenpapier,[5] in dem es unter anderem heißt: »Wir dürfen niemals zulassen, dass Menschen durch Hass und Bedrohungen aus dem politischen Leben und Alltag gedrängt werden!« Gerade Menschen mit Rassismus- und Antisemitismuserfahrungen müsse man als politische Partei besser schützen, heißt es. Als konkrete Maßnahme hat der Bundesvorstand der Grünen eine Anlaufstelle gegen rechts eingerichtet, die betroffene Parteimitglieder beraten und unterstützen soll. Natürlich wünscht man sich auf der einen Seite, dass Tareq Alaows trotz dieser Drohungen weitermacht. Aber wenn man dann eben wieder an Walter Lübcke denkt, der sich für geflüchtete Menschen einsetzte und ermordet wurde, stimmt das einen schon nachdenklich. Traurig macht es auf jeden Fall. Und wenn wir darüber sprechen, wie wir uns den Herausforderungen von morgen stellen wollen, muss das aktive Entgegentreten gegen digitale Gewalt ein massiver Teil davon sein. Und Tareq Alaows ist nicht der einzige deutsche Politiker, der massiv bedroht wird. Besonders Politikerinnen sind von digitaler Gewalt betroffen. So sind laut einer Umfrage des ARD-Politmagazins *Report München* fast 90 Prozent aller weiblichen Bundestagsabgeordneten mit Hate Speech, also Hassrede, konfrontiert. In einer Pressemitteilung heißt es dazu: »Insgesamt haben 57 Prozent der Befragten mit sexistischen Beleidigungen und Bedrohungen zu kämpfen – quer durch alle Parteien.« Jede Zehnte der befragten Parlamentarierinnen denke demnach sogar übers Aufhören nach.[6]

Ein weiterer deutscher Politiker, der seit Jahren – sowohl im Netz als auch ganz konkret, beispielsweise vor seinem Büro – bedroht wird, ist der SPD-Bundestagsabgeordnete Karamba Diaby. Mit ihm habe ich mich über das Thema Hate Speech unterhalten – und über seine Strategien, sich dem Hass entgegenzustellen.

6.3 »DIESES LAND IST ZU SCHÖN, UM ES MENSCHEN ZU ÜBERLASSEN, DIE HASS UND HETZE VERBREITEN«. IM GESPRÄCH MIT DEM SPD-POLITIKER KARAMBA DIABY

Der Mann, der von sich selbst sagt, er sei ein »waschechter Ossi«, sitzt in seinem Berliner Bundestagsbüro, als er meinen Anruf per Videocall annimmt. Meine digitale Deutschlandreise neigt sich langsam dem Ende zu, aber mit Karamba Diaby wollte ich für dieses Buch unbedingt sprechen. Der promovierte Chemiker und

Geoökologe ist seit 2008 SPD-Mitglied und wurde bereits ein Jahr später in den Stadtrat von Halle gewählt. Seit 2013 ist er Mitglied des Deutschen Bundestags. Auch wenn unser anfänglicher Small Talk nett und unkompliziert ist, kommen wir relativ schnell zu einem Thema, das die Stimmung schlagartig trübt: dem digitalen Hass. Denn bereits seit einigen Jahren erfährt der Integrationsbeauftragte der SPD-Bundestagsfraktion Anfeindungen. Der traurige Höhepunkt des Hasses waren die Einschusslöcher, die er am 15. Januar 2020 in der Fensterscheibe seines Bürgerbüros in Halle vorfand. Zwar gab es anschließend eine große Welle der Solidarität, aber trotzdem: Schüsse auf das Büro eines Abgeordneten? Das kann kein Zustand in einem demokratischen Staat sein. Karamba Diaby ist beim Gespräch relativ entspannt und erwähnt, dass viel von dem, was er jetzt sagen wird, auch in seinem Buch »Leben für die Demokratie« steht. Er räuspert sich kurz und beginnt zu erzählen: Das Thema Hass im Netz begegnete ihm erstmalig im Jahr 2011. Damals gab er der rechtslastigen Zeitung *Junge Freiheit* ein Interview – weil er den Namen der Zeitung am Telefon nicht ganz versteht. Zu diesem Zeitpunkt ist er Vorsitzender des Bundeszuwanderungs- und Integrationsrates und spricht von den Plänen, eine Petition an den Bundestag zu schicken, um für eine Ausweitung des Volksverhetzungsparagrafen zu werben. Es könne nicht sein, sagt er, dass Menschen wie Thilo Sarrazin mit ihren Thesen weiter die Gesellschaft spalten. Das Interview landet am 17. Mai 2011 in der *Jungen Freiheit*. Danach bricht eine Welle von Hass-Mails auf ihn ein. In kürzester Zeit erreichen ihn über 400 Nachrichten mit rassistischen, beleidigenden Inhalten. Auch am Telefon. »Ich bin Meyer, ich weiß, wo Sie wohnen. Wir hören voneinander«, ist nur einer der unzähligen Bedrohungen, die er bekommt. »Diese Sache im Jahr 2011, das hat mich schon getroffen«, sagt er und runzelt kurz die Stirn. »Aber mit den Jahren wird man eben härter.«

Fundamental wichtig sei es für ihn, zu wissen, dass es eben nur eine kleine Gruppe ist, die den Hass im Netz verbreitet. Außerdem habe ihn die Welle der Solidarität nach den ersten Angriffen bestärkt. Dann sagt er den großartigen Satz: »Dieses Land ist zu schön, um es Menschen zu überlassen, die Hass und Hetze verbreiten.« Man müsse manchmal eben auch versuchen, das differenziert zu betrachten. »Die Menschen sehen mich hier auf der Straße als SPD-Abgeordneten an«, erklärt er. Schließlich saß er sechs Jahre lang im Stadtrat und ist in Halle eine Person, die man kennt. Passend dazu fällt ihm eine Geschichte ein, die eine Lehrerin ihm einmal bei einer Wahlkampfveranstaltung erzählt hat. In einem Linienbus unterhielten sich zwei Jugendliche lautstark über die Lokalpolitik. Irgendwann kam das Gespräch auf Karamba Diaby. Der eine Jugendliche sagte unverblümt und freiheraus, dass er ja nichts von Diaby halte. Der andere Jugendliche erhob sich daraufhin sofort von seinem Sitzplatz und rief quer durch den Bus, sodass die Lehrerin, die vorne saß, es hören konnte: »Spinnst du? Der Diaby! Das ist doch einer von uns. Das ist ein Ossi!«

Karamba Diaby lacht durch die Webcam: »Das fand ich ganz gut.« Es ist neben seiner offenen und ehrlichen Art auch seine Heimatverbundenheit, die ihn so sympathisch macht. Die Anfeindungen, die ihn seit Jahren erreichen, will er nicht kommentarlos über sich ergehen lassen. »Diejenigen, die Hass im Netz verbreiten, wollen ja, dass man eingeschüchtert ist.« Diese Genugtuung will Diaby niemandem geben.

Trotzdem war das Jahr 2020 herausfordernd für ihn. Er beschreibt es als »schwieriges Jahr«. Denn mit den Schüssen auf sein Bürgerbüro im Januar ist es noch nicht vorbei. Wenige Tage später erhält er am 22. Januar eine E-Mail mit folgendem Inhalt. Im Originaltext ist das N-Wort ausgeschrieben.

Lieber N-Wort,

letztes Jahr haben wir Walter Lübcke umgebracht, dieses Jahr wird es dich erwischen. Eines Tages wenn du es am wenigsten erwartest, deine Erinnerung an uns schon am Verblassen ist und du dich in trügerischer Sicherheit wähnst, wird unsere nächste Patrone ins Schwarze treffen nämlich in dein Genick und dich in den Himmel befördern.

Wie jeder weiß, träumen Schwarzhäute von nichts anderem als sowohl zu Lebzeiten als auch danach auf einer Baumwollplantage als Sklaven arbeiten zu dürfen.

Das ist eure wahre und einzige Bestimmung und diesen Wunsch möchten wir allen N-Wort erfüllen.

Wir wissen was, was ihr nicht wisst, und zwar welche Politiker als nächstes sterben und wann, da wir an der Planung derer Auslöschung beteiligt sind.

So viel können wir verraten, es wird Politiker aller Parteien und Ebenen und Journalisten der Lügenpresse treffen.

Sieg Heil und Heil Hitler

Mit freundlichen Grüßen,

Die Musiker des Staatsstreichorchesters.

Damals, so schreibt es Diaby auch in seinem Buch, gingen die Terrorbriefe des »Staatsstreichorchesters« außerdem an den Berliner SPD-Abgeordneten Tom Schreiber, die Linke-Bundestagsabgeordnete Martina Renner, an die Amadeu Antonio Stiftung, an die Jusos, an Journalist:innen, an eine Generalstaatsanwältin und einige mehr.

Im Juni 2020 jährte sich der Mordanschlag auf Walter Lübcke zum ersten Mal. Karamba Diaby schreibt dazu auf Twitter: »Heute jährt sich der politische Mord an Walter Lübcke. Wir dachten: Nun muss der Hass aufhören, aber es ging mit dem rechtsextremistischen Terror in Halle und Hanau weiter. Wir haben offenbar noch nicht verstanden, was lange bekannt ist: Rechtsextremismus ist die größte Gefahr.«[7]

Ein Twitter-Mitglied antwortet ihm mit folgender Nachricht: »Sie sind hier nicht erwünscht.« Dazu wird ein Foto von ihm gepostet, auf dem steht: »Leben Sie Ihre Vielfalt im Senegal aus. Sie gehören NICHT zu Deutschland und sind ein Feind der Deutschen genau wie Ihre Partei, die SPD.« Diaby antwortete: »Ich sei hier nicht erwünscht! Ich lebe seit fast 35 Jahren in Halle und habe die Stadt nie länger als vier Wochen verlassen. Das gedenke ich auch in Zukunft nicht zu tun.«[8]

Seine Antwort erhielt 45.000 Likes und wird von über 4.200 Menschen retweetet. Diaby sagt dazu, man solle Twitter und Facebook nicht zum Abbild der Gesellschaft erklären und überinterpretieren – trotzdem macht dieses Stimmungsbild ihn optimistisch. Bei Nachrichten, die ihn in jüngster Zeit erreichen, arbeitet er mit HateAid zusammen, der bisher einzigen Beratungsstelle bei digitaler Gewalt. »Denen schicke ich alles, was ich bekomme«, sagt er. Ich nicke, denn auch ich arbeite seit längerer Zeit mit HateAid zusammen. Ich will von Karamba Diaby wissen, was die Gesellschaft und auch die Politik hinsichtlich der neuen Herausforderungen durch den digitalen Hass tun kann. Hierzu hat der Politiker eine klare, starke Meinung: »Ich finde, die Gesamtgesellschaft muss sich mit diesem wichtigen Thema auseinandersetzen.« Neben notwendigen Gesetzen geht es ihm vor allem darum, dass die Gesellschaft geschlossen Zivilcourage zeigt. »Es geht um eine Sensibilisierung, was der digitale Hass bei einzelnen Menschen und den Menschen im direkten Umfeld auslösen kann.«

6.4 »WIE EINE FAUST, DIE AUS DEM SCREEN KOMMT«. EIN INTERVIEW MIT ANNA-LENA VON HODENBERG, DER GRÜNDERIN VON HATEAID, ÜBER DIGITALE GEWALT

Die Ausführungen von Diaby und der Mord an Walter Lübcke zeigen, dass Hate Speech und digitale Gewalt nicht irgendwelche Modephänomene sind oder etwas, was sich einfach wegdiskutieren lässt. Wir haben es hier mit realen Bedrohungen für Menschen und auch für unser Zusammenleben zu tun! Natürlich haben soziale Medien auch gute Seiten. Kurz nachdem uns die erste Corona-Welle traf, setzte ich mich auf meinem Kanal mit Verschwörungserzählungen auseinander und wurde massiv angefeindet. Als ich anschließend auf Instagram den Hass, der mir entgegenschlug, thematisierte und Direktnachrichten veröffentlichte, machte mich eine Followerin auf die Organisation HateAid aufmerksam. Der Beratungsstelle für Betroffene konnte ich Screenshots und strafrechtlich relevante Nachrichten weiterleiten – was mich ungemein erleichterte. Von Nachrichten wie: »Geh sterben, du Nutte« bis: »Ich stecke meinen Schwanz ganz tief in dein Maul« war alles dabei. Für solche Nachrichten eine Organisation gefunden zu haben, die mich unterstützt, war für mich wirklich ein Segen. Wenn ich jetzt einen Hasskommentar oder eine Hassnachricht im Internet kriege, schicke ich sie sofort an HateAid, die sich darum kümmern und dem Fall nachgehen. Und auch Politiker:innen wie Renate Künast von den Grünen oder eben Karamba Diaby arbeiten mit HateAid zusammen. Aber, und das ist sehr wichtig festzustellen, der kostenlose Service und das Angebot von HateAid sind nicht nur für Politiker:innen da oder für Menschen, die in der Öffentlichkeit stehen. Nein, HateAid richtet sich an alle Menschen, die von digitaler Gewalt betroffen sind. Wie das geht, davon berichtet Anna-Lena von Hodenberg, die Gründerin von HateAid, im folgenden Gespräch.

LOU: Hallo, Anna-Lena! Ich freue mich sehr, dass du Zeit hast! Vielleicht kannst du dich und die Organisation HateAid kurz vorstellen!

ANNA-LENA VON HODENBERG: Sehr gerne! Ich bin Anna-Lena von Hodenberg, Geschäftsführerin von HateAid. HateAid ist die einzige Beratungsstelle ausschließlich für Betroffene von digitaler Gewalt in Deutschland und wurde 2018 gegründet. Wir unterstützen Menschen, die digitale Gewalt erleben. Unser Angebot basiert dabei auf drei Säulen: der Betroffenenberatung, der Prozesskostenfinanzierung und unserer politischen Arbeit. In der Betroffenenberatung sitzt ein Team von Sozialpädagog:innen, das auf Gewalterfahrungen im digitalen Bereich geschult ist und eine emotional stabilisierende Erstberatung leistet. Auch eine Sicherheits- und Kommunikationsberatung gehören dazu. Die zweite wichtige Säule bei HateAid ist die Unterstützung Betroffener bei der Rechtsdurchsetzung. Es ist wichtig, dass von digitaler Gewalt betroffene Personen diese Inhalte zur Anzeige bringen, denn nur so können Täter:innen auch zur Verantwortung gezogen werden. Es muss klar sein: Das Netz ist kein rechtsfreier Raum, auch hier gelten Gesetze. Betroffene müssen sicher sein, dass sie ihre Rechte auch im Netz durchsetzen können – ansonsten besteht die Gefahr, dass sich immer mehr Menschen aus dem dortigen öffentlichen Diskurs zurückziehen. Aus diesem Grund unterstützen wir von digitalem Hass betroffene Personen auch bei der Erstellung von rechtssicheren Screenshots, also der Beweissicherung bei Hassnachrichten. Des Weiteren unterstützen wir Betroffene in geeigneten Fällen finanziell bei der Rechtsdurchsetzung durch Strafanzeigen sowie durch Zivilklagen. Wir wollen Betroffenen möglichst viel Ballast abnehmen, damit sie sich – wenn sie angegriffen werden – erst einmal um sich selbst kümmern können.

LOU: Wie definiert ihr »digitale Gewalt«?

ANNA-LENA VON HODENBERG: Digitale Gewalt ist jede Form von Gewalt, die mittels eines digitalen Mediums oder allgemein im digitalen Raum stattfindet – sei es auf dem Smartphone, auf dem Tablet oder auf dem Laptop. Viele Menschen verstehen das alles unter »Hate Speech«. Wir glauben aber, dass ein Begriff wie »Hate Speech« zu kurz greift, da er eben nicht alles abdeckt. Er beschreibt beispielsweise nicht den Vorgang der Veröffentlichung deiner Adresse oder anderer persönlicher Informationen. Das nennt man »Doxing«. Oder wenn Nacktfotos von dir ohne dein Einverständnis – zum Beispiel von deinem Ex-Partner – auf einer Porno-Plattform hochgeladen werden. Oder wenn ein Kollege eine Spyware auf dein Handy aufspielt. Vielleicht um zu gucken, wo du hingehst, oder um zu schauen, mit wem du schreibst oder telefonierst. Das sind alles Formen von digitaler Gewalt, die nicht unter den Begriff Hate Speech fallen. So ist das, was die meisten Menschen im Netz erleben, eine Art Cocktail aus verschiedenen Dingen. Hate Speech gehört sicherlich dazu, aber aus den genannten Gründen sprechen wir lieber von digitaler Gewalt.

LOU: Wenn ich jetzt sage »Hey, ich bin von digitaler Gewalt betroffen«. Beispielsweise weil meine Adresse ins Internet gestellt wurde und mir nun etwas in den Briefkasten gelegt wurde – da gibt es nicht wenige Menschen, die sagen: »Stell dich doch nicht so an, das ist normal. Wofür brauchst du dafür jetzt eine Betreuung? Wieso brauchst du denn jemanden, mit dem du darüber sprichst?« Vielleicht kannst du einmal verdeutlichen, was digitale Gewalt mit Menschen machen kann?

ANNA-LENA VON HODENBERG: Diese Bagatellisierung, die du beschreibst, ist sehr gefährlich. Genauso wie es Menschen verletzt, wenn sie im analogen Leben beleidigt werden, trifft es Betroffene im digitalen Bereich. Und oft noch härter, weil der Angriff im digitalen Raum viel unmittelbarer ist: Plötzlich kriegst du sekündlich Benachrichtigungen auf dein Smartphone. Die Beleidigungen und die Bedrohungen, die digital hereinkommen, sind auch deswegen so gefährlich, weil es kein Gegenüber gibt, mit dem du interagieren kannst. Es gibt nur diese unbekannte, anonyme Masse, die dich plötzlich vor den Augen der Öffentlichkeit angreift. Für Betroffene fühlt es sich wie eine Faust an, die aus dem Screen herauskommt. Man kann sich dieser digitalen Gewalt kaum entziehen. Du kannst natürlich dein Smartphone, deinen Laptop und dein Tablet ausschalten, aber damit bist du komplett raus aus dem digitalen Diskurs. Das heißt: Entweder du verabschiedest dich aus dem digitalen Raum – was für manche Menschen bedeuten würde, ihren Job aufzugeben –, oder du musst damit klarkommen.

Das ist eine Form von psychischer Gewalt und kann bei Betroffenen etwa Schlafstörungen oder Panikattacken auslösen und sogar bis hin zu Suizidgedanken führen. Deswegen ist es wichtig, digitale Gewalt ernst zu nehmen und sie umso ernster zu nehmen, wenn sie tatsächlich in den analogen Bereich übergeht: Wenn deine Adresse veröffentlicht wird, dann ist der Ort, an den du dich eigentlich vor dem Hass zurückziehst, nicht mehr sicher. Und diese Tatsache löst in vielen Menschen ein Gedankenkarussell aus: Ist es möglich, dass morgen jemand vor meiner Tür steht, wenn ich Brötchen hole? Wirft mir vielleicht eine unbekannte Person etwas in den Briefkasten oder greift mich sogar an?

Wir haben auch gesehen, wie Menschen tätlich angegriffen wurden, die zuvor Opfer einer digitalen Hasskampagne im Netz waren. Ein sehr extremes Beispiel ist da Walter Lübcke oder auch die Kölner Oberbürgermeisterin Henriette Reker. Außerdem sollten wir über eine Sache intensiver nachdenken, die für Betroffene wirklich schlimm ist: Wenn du und ich jetzt beide in einer Kneipe sitzen und ich dich dort beleidige, dann ist das nach einem Tag in der Regel vergessen. Du und ich wissen davon, und vielleicht noch zwei Leute, die mitgehört haben. Aber wenn das im Netz passiert und du dort beleidigt wirst – wenn da Lügen über dich verbreitet werden –, dann sieht das potenziell die ganze Welt und du kannst nie sicher sein, ob es dich nicht zu einem späteren Zeitpunkt noch einmal einholt.

LOU: Das ist eben der Unterschied.

ANNA-LENA VON HODENBERG: Genau. Das ist ein deutlicher Unterschied. Denn im Internet wirst du öffentlich an den Pranger gestellt – von einer anonymen Masse. Du bewegst dich in einem öffentlichen Raum und jede Person kann zusehen, was dir dort widerfährt. Das kannst du nicht löschen und vermeintlich auch sonst nichts dagegen tun. Und vielleicht googeln dich morgen deine Eltern oder dein neues Date und lesen im Netz schlimme Sachen über dich. Das kann tatsächlich sogar Karrieren zerstören. Menschen lesen diese Aussagen über dich und denken dann vielleicht: »Na ja, wenn da so viel steht, wird da schon etwas Wahres dran sein. Dieser Druck ist für Betroffene anders, als wenn das in einem Bereich passiert, wo es einen sehr abgegrenzten öffentlichen Raum gibt – wie etwa die Kneipe.«

LOU: Jetzt haben wir über prominente Beispiele gesprochen. Aber wie viele Menschen melden sich bei HateAid, die überhaupt nicht bekannt sind und trotzdem von digitaler Gewalt betroffen sind?

ANNA-LENA VON HODENBERG: Es ist eher selten, dass Menschen, die nicht prominent sind, mit dem in die Öffentlichkeit gehen, was ihnen widerfährt. Denn es ist vorprogrammiert, dass sie aufgrund dessen erneut angegriffen werden und alles von vorn losgeht. Um das aushalten zu können, braucht es die entsprechenden Unterstützungsstrukturen. Bei Karamba Diaby oder Renate Künast gibt es vielleicht ein Team, das sie unterstützt, Löschanträge stellt und die Beweise sichert – sie sind damit nicht allein … Das macht die Gewalt gegen Prominente keinesfalls weniger schlimm, aber sie haben andere Möglichkeiten, in der Öffentlichkeit darüber zu reden und das Geschehene zu thematisieren. Tatsächlich sind die meisten Betroffenen, die sich an uns wenden, ganz normale Leute. Die arbeiten zum Beispiel in der Stadtverwaltung oder im Handwerk und haben sich etwa in einem Forum gegen Rassismus starkgemacht und Zivilcourage gezeigt. Und plötzlich wird diesen Menschen gesagt: »Du, pass mal besser auf, wir haben deine Adresse«. Zu uns kommen auch Frauen, deren Ex-Partner ihre Fotos auf Porno-Plattformen hochgeladen haben. Es sind viele unterschiedliche Fälle, die aber nicht selten schambehaftet sind, sodass die Betroffenen damit nicht an die Öffentlichkeit gehen wollen.

LOU: Habt ihr Zahlen dazu, wie sich das bei euch entwickelt hat? Ist die Inanspruchnahme eurer Hilfe angestiegen?

ANNA-LENA VON HODENBERG: Das letzte Jahr war bei uns tatsächlich Hochkonjunktur. Besonders der Hass gegen Frauen und Mädchen hat extrem zugenommen, diese Angriffe sind meist sexualisiert. Digitale Attacken kommen nicht selten aus dem rechtsextremen Spektrum oder sind verbunden mit Verschwörungsideologien. Letztere sind oftmals gepaart mit Antisemitismus. Wir haben uns erst im Dezember 2018 gegründet und seitdem bereits mehr als tausend Klient:innen beraten.

LOU: Wow.

ANNA-LENA VON HODENBERG: Ja, das ist ein deutlicher Anstieg: Im ersten Jahr hatten wir nur um die 350 Fälle. 2020 ist der Bedarf wirklich enorm angestiegen – zwischenzeitlich hatten wir sogar eine Warteliste.
Mittlerweile sind wir gewachsen, das Team hat sich vergrößert. Doch je bekannter wir wurden, desto größer wurde auch die Nachfrage – es besteht also wirklich enormer Bedarf.

LOU: Normalerweise würde ich jetzt so was sagen wie »Glückwunsch«, aber das ist ja kein schöner Grund. Wie zufrieden bist du denn mit der gegenwärtigen Politik, wenn es um das Thema digitale Gewalt geht?

ANNA-LENA VON HODENBERG: Ich bin eine Grundoptimistin. Deswegen sage ich: Es ist auf jeden Fall besser geworden. Als ich vor zwei Jahren mit HateAid angefangen habe, war es wirklich so, dass die Politik zwar um die Existenz des Problems wusste, aber keine Lösungsansätze hatte. Inzwischen wurden einige größere Gesetze auf Bundesebene verabschiedet. Es gibt also gute erste Schritte, wie zum Beispiel das Gesetz gegen Rechtsextremismus und Hasskriminalität oder auch die Änderung des Netzwerkdurchsetzungsgesetzes. Zwei Aspekte müssen aber noch deutlich verbessert werden:

Das ist zum einen die Strafverfolgung. Wir haben in der Beratung immer noch regelmäßig Menschen, denen bei der Polizei gesagt wurde: »Ach, löschen Sie doch einfach Ihren Facebook-Account« oder so etwas wie »Na ja, Sie haben ja ganz schön provoziert«. Es wird dann also Victim Blaming betrieben und es gibt keinerlei Sensibilität dafür, dass man einer Influencerin beispielsweise nicht einfach sagen kann, dass sie ihr Instagram löschen soll, weil sie auf dieser Plattform arbeitet.

Und zweitens muss der digitale Raum endlich als gleichwertig verstanden werden.

Die sozialen Medien sind ein öffentlicher Raum, was dort geschieht, ist keine Privatsache. Man kann Menschen ja auch nicht einfach sagen: »Okay, Sie wurden im Park angegriffen? Dann gehen Sie doch einfach nie wieder in den Park!« Die Logik muss andersherum sein. Es muss darum gehen, den Park sicherer zu machen, damit alle Menschen diesen Raum nutzen können. Auch hier muss bei Polizei und Justiz noch viel Sensibilisierungsarbeit geleistet werden.

Das beobachten wir aber auch bei den Staatsanwaltschaften und den Gerichten. Viele Verfahren, gerade bei Beleidigungsdelikten, werden direkt eingestellt. Hier wird oft zu wenig getan, um die Täter:innen zu ermitteln. Ich erinnere an dieser Stelle mal an den Gerichtsprozess mit Renate Künast, in dem das Berliner Landgericht befand, dass »Drecksfotze« von der Meinungsfreiheit gedeckt sei. Dabei kann dieser Begriff einfach in keinem Zusammenhang in Ordnung sein. Das ist eine Form von Hasskriminalität, das ist einfach nicht erkannt worden.

Es geht uns vor allem darum, dass bei den Strafverfolgungsbehörden ein Bewusstsein dafür entsteht, dass es sich hier um ein massives Problem handelt. Und auch, dass es ein Problem ist, das uns am Ende als gesamte Gesellschaft einholen wird.

Deswegen ist unsere politische Arbeit so wichtig. Denken wir einmal an das Beispiel mit dem Park: Wenn Frauen sich nicht mehr in diesen öffentlichen Raum trauen, wenn sie sich nicht mehr zu bestimmten Themen wie Feminismus oder Antirassismus engagieren, wenn sich LGBTIQ+-Personen und BIPoC nicht mehr in diesen Raum trauen, wenn Politiker:innen oder auch Journalist:innen sagen, sie möchten zu bestimmten Themen nichts mehr sagen – dann haben wir als Gesamtgesellschaft ein riesiges Problem.

LOU: Ich fühle das total.

ANNA-LENA VON HODENBERG: Wenn so etwas in unserer Gesellschaft passiert, dann müssen wir uns fragen, ob ein demokratischer Diskurs tatsächlich noch stattfinden kann. Ich glaube, das muss in den Köpfen der Menschen und insbesondere bei den Strafverfolgungsbehörden ankommen. Das ist das eine. Wir haben bereits gesehen, dass Hass im Netz auch im analogen Leben zu Gewalttaten führen kann. Wie eben im Fall der Ermordung von Walter Lübcke, oder im Falle des Anschlags von Halle. Es ist leider so, dass oft erst katastrophale Dinge passieren müssen, bevor gehandelt wird. Es ist wichtig, dass wir uns jetzt den digitalen Raum ansehen, um zu verhindern, dass so etwas erneut geschieht. Das gilt übrigens auch für die Online-Plattformen.

LOU: Genau, das wäre jetzt meine nächste Frage gewesen. Was erwartest du von den Plattformen noch?

ANNA-LENA VON HODENBERG: Die Plattformen haben bisher immer nette Versprechen gemacht, verstecken sich aber meist hinter ihren Allgemeinen Geschäftsbedingen. Sie arbeiten nach eigenem Gutdünken mit den Strafverfolgungsbehörden bei der Identifikation der Täter:innen zusammen. Die Herausgabe von Daten über die Profile der Täter:innen ist nach wie vor sehr willkürlich, selbst dann, wenn schwere Straftaten begangen werden. Und dann geht es um Rechte der Nutzer:innen. Bisher sind die Entscheidungen der Plattformen oft nicht nachvollziehbar. Es muss transparent gemacht werden, wie Contententscheidungen getroffen werden und welche Rechte Nutzer:innen haben. Wenn ich bei Facebook eine Anfrage zur Löschung eines bestimmten Inhalts stelle, darf es von Seiten der Plattformen nicht heißen: »Och, nee. Wir finden aber, das verstößt nicht gegen unsere Community-Standards.« Illegale Inhalte müssen konsequent gelöscht werden. Volksverhetzung zum Beispiel ist in Deutschland eine Straftat, die von Staatsanwaltschaften verfolgt wird. Es ist keine Lappalie, wenn man volksverhetzende Inhalte teilt. Und trotzdem werden selbst diese Inhalte nicht immer entfernt und verbreiten sich stattdessen ungehemmt.

LOU: Die Plattformen haben eben eine gewaltige Macht. Und es scheitert an Kleinigkeiten. Kürzlich habe ich einen verletzenden Inhalt bekommen. Den Screenshot davon habe ich dann euch, also HateAid, geschickt. Dein Kollege meinte dann, dass der Screenshot nicht rechtssicher ist und ich eine Woche warten muss, bis über der Nachricht auch das Datum angezeigt wird. Aber nach einigen Tagen wurde die verletzende

Nachricht an mich wieder gelöscht und ich hatte nicht die Möglichkeit, dagegen vorzugehen. Das sind Kleinigkeiten, wo ich mich frage, warum schafft es die Plattform nicht, dass es möglich ist, rechtssichere Screenshots zu erstellen?

ANNA-LENA VON HODENBERG: Total! Ich gebe dir mal ein Beispiel von Facebook: In der App kannst du keine rechtssicheren Screenshots machen, weil da die Uhrzeit nicht richtig angezeigt wird. Auch auf anderen Plattformen muss man sich einiger Tricks bedienen. Das ist eine zusätzliche Hürde für Nutzer:innen. Und dabei wäre es so einfach, das zu ändern. Es führt am Ende dazu, dass es kaum Nutzer:innen gibt, die ihre Rechte wahrnehmen.

LOU: Da bin ich bei dir.

ANNA-LENA VON HODENBERG: Es ist auffällig, denn wenn es um die Benutzerfreundlichkeit der eigenen Seite geht, sind die Plattformen natürlich total hinterher. Nur bei digitaler Gewalt eben nicht.

LOU: Was glaubst du, wie kann eine jüngere Generation für dieses Thema sensibilisiert werden? Wo muss man deiner Meinung nach damit anfangen?

ANNA-LENA VON HODENBERG: Definitiv in den Schulen und bei den Lehrer:innen. Denn diese sind erste Ansprechpartner:innen, die den Umgang mit digitaler Gewalt mit vermitteln können. Es sollte Thema im Kolloquium sein und auch in der Demokratiebildung eine Rolle spielen. Es muss nicht nur der Umgang mit digitaler Gewalt vermittelt werden, sondern auch der Umgang mit Fake News. Die

Medienkompetenz muss in der Schule anfangen und in der Erwachsenenbildung weitergehen. Das ist ganz wichtig.

LOU: Liebe Anna-Lena, vielen Dank für das Gespräch!

6.5 ÜBER UNSERE DISKUSSIONSKULTUR UND WARUM DIGITALE GEWALT JEDEN GESELLSCHAFTLICHEN FORTSCHRITT AUFHÄLT

Wegen Hass und Hetze im Internet äußern sich mehr als die Hälfte der Menschen in Deutschland (54 Prozent) seltener zu ihrer politischen Meinung. Zu diesem Ergebnis kommt die bisher umfassendste bundesweite Studie »#Hass im Netz« von 2019. Hier gaben 72 Prozent der Befragten an, dass durch Hate Speech auch die Gewalt im Alltag zunimmt. Nur 12 Prozent der Befragten sind der Meinung, die Bundesregierung tue genug gegen Hass und Hetze im Internet. Erschreckenderweise, und das lässt sich auch aus den Umfragen herauslesen, sind vor allem junge Menschen von Hate Speech betroffen. Während 40 Prozent der Befragten angeben, bereits Hate Speech im Internet beobachtet zu haben, sind es bei den 18- bis 24-Jährigen sogar 73 Prozent.[9] Ich habe ja bereits weiter oben beschrieben, dass Hassattacken im Netz zum Ausschluss zahlreicher Menschen aus Debatten führen können. Durch eine geringere Beteiligung von Menschen wird somit auch die Vielfalt unterschiedlicher Meinungen reduziert. Hasskommentare beeinflussen durch ihren Einschüchterungseffekt also einen Großteil der Internet-User:innen und führen zu einer Verschiebung der Wahrnehmung. Ist ja auch relativ logisch: Wenn die Hater:innen in den Kommentarspalten dominieren,

entsteht zwangsläufig der Anschein, sie seien auch gesellschaftlich in der Mehrheit. Der Hass in Online-Diskussionen führt
also zu einer verzerrten Abbildung der tatsächlichen Meinungen in der Gesellschaft, weil diese lauten, vehement aggressiven
Nachrichten sichtbarer sind als gemäßigte(re). Wenn jemand
unter einen Facebook-Kommentar 50-mal dasselbe schreibt,
erscheint sein Kommentar eben auch 50-mal mehr und es entsteht der Eindruck einer relevanten Meinung. Dabei ist es immer
nur derselbe reißerische Kommentar, dem man keine Beachtung
schenken sollte. Auch das gilt es bei der Nutzung von sozialen
Medien zu beachten: Trolle sind eben Trolle und nicht jeder
Kommentar ist gleichzusetzen mit einer ausformulierten klaren
Meinung. Oder um es vereinfacht zu sagen: Manche Menschen
wollen einfach nur Hass streuen und manipulieren. Und wenn
viele Einzelne sich in digitalen Armeen zusammenschließen
und gezielt Kommentarspalten fluten, kann dies zu einem wirk-
lichen Problem führen. Menschen tendieren eher dazu, sich in
kontroversen oder schwierigen Fragen Mehrheitspositionen
anzuschließen. Aber manchmal sind Mehrheitspositionen gar
keine Mehrheitspositionen. Sondern ein Fake. Wenn beispielsweise viele, entsprechend vernetzte AfD-Anhänger:innen ihre
Corona-Mythologien unter dem Servicepost eines öffentlich-
rechtlichen Bildbeitrags über die Maskenpflicht teilen, entsteht
der Eindruck, hier würden mehrere, unterschiedliche Menschen,
die scheinbar nichts miteinander zu tun haben, ein Problem ansprechen. Und so werden durch Hass im Netz abwertende Einstellungen, Vorurteile und diskriminierendes Verhalten salon-
fähig gemacht.

7.

NACHWORT

An einem sonnigen Tag im Juni endet meine digitale Deutschlandreise. Ich sitze im Garten, winke ein letztes Mal in die Kamera meines Laptops und klappe ihn dann zu. Die vergangenen
Wochen waren für mich wahnsinnig aufregend und lehrreich.
Ich habe wundervolle, inspirierende Menschen kennengelernt
und bin dankbar dafür, dass sie mich zu sich an den Küchentisch eingeladen haben. Mit ihnen (virtuell) dort zu sitzen, zu
sprechen und ihnen zuzuhören, war total bereichernd für mich.

Ich wünsche mir, dass solche Gespräche auch in Zukunft an
vielen anderen Tischen in Deutschland stattfinden. Wir müssen dabei immer im Blick haben, dass es viel wertvoller ist, sich
mit Menschen zu unterhalten, statt über sie zu sprechen. Dieses Buch soll als Denkanstoß dienen und zeigen, dass wir hier in
Deutschland zwar mehr als 83 Millionen Menschen sind, die in
ganz unterschiedlichen Lebensrealitäten stattfinden, aber trotzdem mehr gemeinsam haben, als wir oft denken.

Die Geschichten von Kathrin, Marvin, Doro, Ali und seine
Familie Möser, Kim, Franzi, Karamba, Daniela, Ghazal, Özlem,

Robert, Verena und Anna-Lena stehen stellvertretend für die Herausforderungen, die uns als Gesellschaft in den kommenden Jahren bevorstehen. Sie sind dabei keine Einzelschicksale, sondern repräsentieren Schwierigkeiten, die überall in der Bevölkerung auftreten. Von Vorurteilen, sexistischem Handeln, digitalen Hass, über Alltagsrassismus bis hin zu einer Klimakrise, die dazu führen kann, dass Menschen ihre Heimat verlassen müssen. Wenn wir uns Mühe geben, uns gegenseitig zuzuhören und einander wohlwollend zu begegnen, haben wir eine Chance, die Herausforderungen der kommenden Jahre gemeinsam zu meistern und als Gesellschaft wieder näher zusammenzurücken. Ich bin sicher, dass wir dann gemeinsam in eine richtig gute Zukunft blicken können.

Ich will damit aber nicht sagen, dass an Deutschlands Küchentischen jetzt nur noch gekuschelt werden soll und wir alle immer einer Meinung sein müssen. Wir dürfen auch streiten. Vielleicht müssen wir das sogar. Wir dürfen unterschiedliche Meinungen haben und konfrontativ unsere Argumente austauschen. Auch das ist wichtig. Wir alle sollten uns also viel öfter auch zu Menschen an den Küchentisch setzen, deren Ansichten sich nicht mit unseren decken.

Und wenn sich am Ende des Gesprächs herausstellt, dass keine Einigung gefunden werden kann, dann hat man allein schon durch den Austausch einen wichtigen Teil zum Zusammenhalt unserer Gesellschaft beigetragen.

Ich für meinen Teil habe mir das alles auf jeden Fall fest vorgenommen. Es kann also gut sein, dass man mich bald an Küchentischen antrifft, an denen man mich nicht unbedingt erwartet. Und das führt mich zurück zu meiner Begegnung mit dem Vater meiner Freundin aus meinem Vorwort. Auch wir waren nicht einer Meinung und es brauchte erst einen Brückenbau, damit sich etwas verändert. Bei ihm war es der Grillabend mit geflüchteten Menschen aus dem Flüchtlingsheim in deren Dorf.

Allen denjenigen, die dieses Buch bis hierhin gelesen haben, sollen meine Gespräche mit Kathrin, Marvin, Doro, Ali und seiner Familie Möser, Kim, Franzi, Karamba, Daniela, Ghazal, Özlem, Robert, Verena und Anna-Lena als Brücke dienen. Denn wir müssen mehr Brücken bauen, die uns verbinden, anstatt immer mehr Mauern, die uns trennen.

ANMERKUNGEN

1. Themenkomplex: Feminismus

1. Lenz, Ilse. (2018, 25. Mai). *Was ist Feminismus?* Heinrich Böll Stiftung. Gunda Werner Institut. http://gwi-boell.de/de/2018/05/25/was-ist-feminismus.

2. Ohne Autor:in. (ohne Jahr). *Ziele nachhaltiger Entwicklung. Gleichstellung von Frauen und Männern.* Die Bundesregierung. https://www.bundesregierung.de/breg-de/themen/nachhaltig-keitspolitik/gleichstellung-von-frauen-und-maennern-841120.

3. Ohne Autor:in. (2021, 22. März). *Women-on-Board-Index 185.* FidAR Analytics. https://wob-index.de/wob185.html.de/wob185.html.

4. Ohne Autor:in. (2021, 25. Juni). *Entwurf. Gesetz zur Ergänzung und Änderung der Regelungen für die gleichberechtigte Teilhaben von Frauen an Führungspositionen in der Privatwirtschaft und im öffentlichen Dienst (Zweites Führungspositionen-Gesetz – FüPoG II).* Bundesministerium für Familie, Senioren, Frauen und Jugend. https://www.bmfsfj.de/bmfsfj/service/gesetze/zweites-fuehrungspositionengesetz-fuepog-2-164226.

5. Ohne Autor:in. (ohne Jahr). *Maskulinum, das.* Digitales Wörterbuch der deutschen Sprache. https://www.dwds.de/wb/Maskulinum.

6. Pusch, Luise. (1990). *Alle Menschen werden Schwestern.* Suhrkamp.

7. Diese Denkaufgabe wird im Internet und in der Literatur oft zitiert. Siehe z. B. Gannuscio, Vincenzo. (2013). Gendergerechtes Sprechen und Schreiben: ein Didaktisierungsvorschlag. *Slowakische Zeitschrift für Germanistik,* 1, S. 71–83. Sie ist hier etwas modifiziert wiedergegeben.

8. Boroditsky, Lena. (2012, 15. März). *Wie die Sprache das Denken formt.* Spektrum. https://www.spektrum.de/news/ linguistik-wie-die-sprache-das-denken-formt/1145804.

9. Ohne Autor:in. (2018, 27. Juni). *Gleichberechtigung wird Gesetz.* Bundeszentrale für politische Bidung. https://www.bpb.de/ politik/hintergrundaktuell/271712/gleichberechtigung. Seelig, Claudia. (ohne Jahr). *Elisabeth Schwarzhaupt – Die erste Bundesministerin.* 100 Jahre Frauenwahlrecht. https://hundertjahre-frauenwahlrecht.de/meilensteine/.

10. Lenz, Ilse. (2018, 23. April). *Von der Sorgearbeit bis #MeToo. Aktuelle feministische Themen und Debatten in Deutschland. Aus Politik und Zeitgeschichte (APuZ 17/2018).* Bundeszentrale für politische Bildung. https://www.bpb.de/apuz/267940/von-der-sorgearbeit-bis-metoo-aktuelle-feministische-themen-und-debatten-in-deutschland.

11. von Bargen, Henning. (2018, 3. Juli). *Von Welle zu Welle.* Heinrich Böll Stiftung. Gunda Werner Institut. http://gwi-boell.de/de/2018/07/03/von-welle-zu-welle.

12. Korbik, Julia. (2019, 12. November). *12. November 1918: Geburtsstunde des Frauenwahlrechts in Deutschland.* vorwärts. https://www.vorwaerts.de/artikel/12-november-1918-geburts-stunde-frauenwahlrechts-deutschland.

13. Wolff, Kersin. (2008, 8. September). *Die Frauenbewegung organisiert sich – Die Aufbauphase im Kaiserreich.* Bundeszentrale für politische Bildung. https://www.bpb.de/gesellschaft/gender/ frauenbewegung/35256/aufbauphase-im-kaiserreich.

14. Gerhard, Ute. (2008, 30. Mai). *50 Jahre Gleichberechtigung – eine Springprozession – Essay.* Bundeszentrale für politische Bildung. https://www.bpb.de/apuz/31157/50-jahre-gleichberechtigung-eine-springprozession-essay.

15. Berghahn, Sabine. (2011, Juli). *Ritt auf der Schnecke – Rechtliche Gleichstellung in der Bundesrepublik Deutschland (Aktualisierung 2011).* Gender Politik Online. https://www.fu-berlin.de/sites/ gpo/pol_sys/gleichstellung/Der_Ritt_auf_der_Schnecke/ Ritt-Schnecke-2011_1_nurText.pdf.1.

16. Hillauer, Rebecca. (2018, 12. Juni). *Frauenrechte in der DDR. »Es ging darum, die Frau funktionstüchtig zu machen«.* Deutschlandfunk Kultur. https://www.deutschlandfunk-kultur.de/frauenrechte-in-der-ddr-es-gingdarum-die-frau.976. de.html?dram:article_id=421452.

17. Warner, Ansgar. (2007, 8. März). *Die dritte Welle.* taz archiv. https://taz.de/!282089/.

18. Lenz, Ilse. (2019). Feminismus: Denkweisen, Differenzen, Debatten. In: Kortendiek, Beate & Riegraf, Birgit & Sabisch, Katja (Hrsg.): *Handbuch Interdisziplinäre Geschlechterforschung.* Gesellschaft und Geschlecht Band 65. SpingerVS, S. 231–241.

19. McAfee, Noëlle & Howard, Katie B. (2018, 12. Oktober). Feminist Political Philosophy. In: Zalta, Edward N. (Hrsg): *The Stanford Encyclopedia of Philosophy (Winter 2018 Edition).* https://plato.stanford.edu/entries/feminism-political/.

20. Thiessen, Barbara. (2010). Feminismus: Differenzen und Kontroversen. In: Becker, Ruth & Kortendiek, Beate (Hrsg.): *Handbuch Frauen- und Geschlechterforschung. Theorie, Methoden, Empirie.* 3. erweiterte und durchgesehene Auflage. Geschlecht & Gesellschaft Band 35. SpringerVS, S. 37–44.

21. Ohne Autor:in. (2020, Juli). *Intersektionaler Feminismus.* UN Women Deutschland. https://www.unwomen.de/ueber-uns/un-women-kaempft-fuer-gleichstellung/intersektionaler-feminismus.html.

22. Santos, Lisa. (2020, 17. September). *Warum brauchen wir einen Schwarzen Feminismus?* fluter. https://www.fluter.de/was-ist-intersektionaler-feminismus.

23. Witte, Jens. (2021, 2. April). *Virologin Brinkmann bei Lanz. »Ich rede jetzt«.* Der Spiegel. https://www.spiegel.de/kultur/tv/melanie-brinkmann-bei-markus-lanz-ich-rede-jetzt-a-70441d56-3153-44d2-a4f2-8923ae99ee98.

24. Pauly, Bastian & Breitinger, Daniel (2019, 6. März). *IT-Fachkräfte: Nur jeder siebte Bewerber ist weiblich.* bitkom. https://www.bitkom.org/Presse/Presseinformation/IT-Fachkraefte-Nur-jeder-siebte-Bewerber-ist-weiblich.

25. Wittpahl, Volker & Buhr, Regina & Kelterborn, Peggy (2020, Juli). *Rahmen- und Arbeitsbedingungen für Frauen in der Internetwirtschaft. Ist-Situation und Handlungsempfehlungen. Korrigierte Version.* Institut für Innovation und Technik (iit). https://www.iit-berlin.de/iit-docs/a4a18d83592c409abdc0769450370960_2020-07-iit_Eco-Studie_aktualisiert.pdf. Siehe auch: ohne Autor:in. (2020, 6. März). *Internationaler Vergleich. Nur 17 Prozent Frauen in deutscher IT-Branche.* Frankfurter Allgemeine Zeitung. https://www.faz.net/aktuell/wirtschaft/digitec/nur-17-prozent-frauen-in-deutscher-it-branche-16666734.html.

26. Definition der Europäischen Kommission, zitiert nach: Halwachs, Inga. (2010). *Frauenerwerbstätigkeit in Geschlechter-regimen: Großbritannien, Frankreich und Schweden im Vergleich.* SpringerVS.

27. Zinke, Guido. (2020, 1. November). *Geschlechterungleichheiten: Gender Pay Gap.* Bundeszentrale für politische Bildung. https://www.bpb.de/politik/innenpolitik/arbeitsmarktpolitik/318555/gender-pay-gap.

28. Ohne Autor:in. (2021, 9. März). *Gender Pay Gap 2020: Frauen verdienten 18 % weniger als Männer. Pressemitteilung Nr. 106.* Destatis. https://www.destatis.de/DE/Presse/Pressemitteilungen/2021/03/PD21_106_621.html.

29. Ohne Autor:in. (ohne Jahr). *Frauen in der IT-Branche 2018.* Honeypot. https://www.honeypot.io/de/women-in-tech-2018/.

30. Ohne Autor:in. (2020, 6. März). *Studie belegt: Frauen in der IT-Branche weiterhin unterrepräsentiert.* eco.de. https://www.eco.de/presse/studie-belegt-frauen-in-der-it-branche-weiterhin-unterrepraesentiert/.

31. Liebig, Deborah. (ohne Jahr). *Wo sind die Frauen in der IT? Wir nehmen Euch mit auf eine kleine Zeitreise ... get in {IT}.* https://www.get-in-it.de/magazin/arbeitswelt/it-arbeitsmarkt/wo-sind-die-frauen-in-der-it.

32. Heeß, Jutta. (2019, 24. März). *Sport und Gleichberechtigung. Raus aus dem Abseits.* Deutschlandfunk Kultur. https://www.deutschlandfunkkultur.de/sport-und-gleichberechtigung-raus-aus-dem-abseits.966.de.html?dram:article_id=444474.

33. Herlitz, Anja. (2017, 31. Juli). *Kathrine Switzer – Die erste Frau beim Marathon.* laufen.de. https://www.laufen.de/d/kathrine-switzer-die-erste-frau-beim-marathon.

34. Heeß, Jutta. (2019, 24. März). *Sport und Gleichberechtigung. Raus aus dem Abseits.* Deutschlandfunk Kultur. https://www.deutsch-landfunkkultur.de/sport-und-gleichberechtigung-raus-aus-dem-abseits.966.de.html?dram:article_id=444474.

35. Stahnke, Jochen. (2021, 4. Mai). *Sapirs Seele, Israels Stolz.* Frankfurter Allgemeine Zeitung. https://www.faz.net/aktuell/sport/fussball/transgender-schiedsrichterin-sapir-berman-schreibt-fussballgeschichte-17324614.html.

2. Themenkomplex: Die Klimakrise

1. Ohne Autor:in. (2021, 29. April). *Klimaschutzgesetz in Teilen ver-fassungswidrig.* Tagesschau. https://www.tagesschau.de/inland/klimaschutzgesetz-bundesverfassungsgericht-101.html.

2. Weiland, Michael. (2021, 4. Mai). *Klimaschutz hat Verfassungs-rang.* Greenpeace. https://www.greenpeace.de/themen/klimakrise/klimaschutz-hat-verfassungsrang.

3. Neubauer, Luisa [Luisamneubauer]. (2021, 29. April). *Klimaschutz ist nicht nice-to-have, Klimaschutz ist unser Grundrecht.* Twitter. https://twitter.com/Luisamneubauer/status/1387679785581690880.

4. Altmaier, Peter [peteraltmaier]. (2021, 29. April). *Es ist epochal für Klimaschutz & Rechte der jungen Menschen.* Twitter. https://twitter.com/peteraltmaier/status/1387681285385203712.

5. Ohne Autor:in. (2021. 29. April). *Laschet: Karlsruher Klimaschutzurteil markiert »historischen Moment.* Stern. https://www.stern.de/news/laschet--karlsruher-klimaschutzur-teilmarkiert--historischen-moment--30506390.html.

6. Henrichmann, Julia. (2012). *Was ist der Treibhauseffekt?* Bundeszentrale für politische Bildung. https://www.bpb.de/mediathek/179226/was-ist-der-treibhauseffekt.

7. Ohne Autor:in. (2021, April). *Was ist der Treibhauseffekt?* Greenpeace. https://www.greenpeace.de/themen/klimakrise/was-ist-der-treibhauseffekt.

8. Grasl, Hartmut. (2007). *Klimawandel. Die wichtigsten Antworten.* Dörfler Verlag GmbH.

9. Ohne Autor:in. (2019, Mai). *Wenn das Klima kollabiert.* Greenpeace. https://www.greenpeace.de/themen/klimawandel/folgen-des-klimawandels.

10. Ohne Autor:in. (ohne Jahr). *Klimawandel als Fluchtgrund.* UNO Flüchtlingshilfe. https://www.uno-fluechtlingshilfe.de/informieren/fluchtursachen/klimawandel.

11. Ohne Autor:in. (2020, 12. Oktober). *Mehr Naturkatastrophen durch Klimawandel.* Tagesschau. https://www.tagesschau.de/ausland/naturkatastrophen-klimawandel-101.html.

12. Ohne Autor:in. (ohne Jahr). *Klimawandel und Klimakrise. Global 2000.* https://www.global2000.at/themen/klimawandel.

13. Ohne Autor:in. (2015, 12. Dezember). *Übereinkommen von Paris.* https://www.bmu.de/fileadmin/Daten_BMU/Download_PDF/Klimaschutz/paris_abkommen_bf.pdf.

14. Ebd.

15. Khaiat, Aie Al. (2021, 4. Januar). *Kipppunkte im Klima: Die Schwelle zum globalen Klimakollaps.* Utopia. https://utopia.de/kipppunkte-klima-219027/.

16. Siehe Messner, Dirk & Rahmstorf, Stefan (2009). Kipp-Punkte
im Erdsystem und ihre Auswirkungen auf Weltpolitik und
Wirtschaft. In: Debiel, Tobias & Messner, Dirk & Nuscheler,
Franz & Roth, Michèle & Ulbert, Cornelia: *Globale Trends
2010.* Frankfurt/M, S. 261–280. Auflistungen der Kipp-Punkte
findet ihr z. B. hier: Mäder, Claudia. (2008, Juli): *Kipp-Punkte
im Klimasystem. Welche Gefahren drohen?* Umweltbundesamt,
S. 4–5. https://www.umweltbundesamt.de/sites/default/files/
medien/publikation/long/3283.pdf oder bei Wikipedia (Kipp-
elemente im Erdklimasystem): https://de.wikipedia.org/wiki/
Kippelemente_im_Erdklimasystem.

17. Mäder, Claudia. (2008, Juli): *Kipp-Punkte im Klimasystem.
Welche Gefahren drohen?* Umweltbundesamt, S. 5.
https://www.umweltbundesamt.de/sites/default/files/medien/
publikation/long/3283.pdf.

18. Huwel, Detlev & Speen, Andreas & Reisener, Thomas. (2016,
6. Juli). *Rot-Grün besiegelt das Ende von Garzweiler II.* RP Online.
https://rp-online.de/nrw/landespolitik/rot-gruen-in-nrw-
besiegelt-das-ende-von-garzweiler-ii_aid-18803049.

19. Heede, Richard. (2014). *Tracing anthropogenic carbon dioxide
and methane emissions to fossil fuel and cement producers,
1854–2010.* Climatic Change. https://link.springer.com/content/
pdf/10.1007/s10584-013-0986-y.pdf. Ohne Autor:in/cw. (2019,
17. Oktober). *Diese 20 Konzerne treiben die Klimakrise voran.*
energiezukunft. https://www.energiezukunft.eu/wirtschaft/
diese-20-konzerne-treiben-die-klimakrise-voran/.

20. Heede, Richard. (2019, 9. Oktober). *Carbon Majors: Update
of Top Twenty companies 1965–2017. Press Release.* Climate
Accountability Institute. https://climateaccountability.org/pdf/
CAI%20PressRelease%20Top20 %20Oct19.pdf.

21. Ohne Autor:in. (2021, 28. Mai). *Shell verliert Klima-Prozess. Das Urteil von Den Haag und die Folgen.* Deutschlandfunk. https://www.deutschlandfunk.de/shell-verliert-klima-prozess-das-urteil-von-den-haag-und.2897.de.html?dram:article_id=497697.

22. Ohne Autor:in. (2018, 29. November). *»Die letzte Generation, die in der Lage ist, etwas dagegen zu tun«.* Welt. https://www.welt.de/vermischtes/article184662906/Klimawandel-Die-letzte-Generation-die-in-der-Lage-ist-etwas-dagegen-zu-tun.html.

23. Maubach, Klaus-Dieter. (2013). *Energiewende. Wege zu einer bezahlbaren Energieversorgung.* Wiesbaden.

24. Ohne Autor:in/jk. (2021, 11. Januar). *Rückhalt für Erneuerbare Energien bleibt hoch.* energiezukunft. https://www.energiezukunft.eu/politik/rueckhalt-fuer-erneuerbare-energien-bleibt-hoch/.

25. Ohne Autor:in. (2021, 13. Juli). *Mehr Hitzewellen, Dürren, Starkregen und Orkane.* BR Wissen. https://www.br.de/wissen/wetter-extremwetter-klimawandel-100.html.

26. Ohne Autor:in/bal/oha. (2021, 16. Juli). *Unglaubliche Regenbilanz. Sintflutartiger Regen durch BERND: In Spitzen bis fast 250 Liter pro Quadratmeter.* wetter.de. https://www.wetter.de/cms/unwetter-dauerregenfast-250-liter-pro-quadratmeter-rekordniederschlaege-durchtief-bernd-4796433.html.

27. Ohne Autor:in. (2021, 17. Juli). *Zahl der Todesopfer steigt weiter.* Tagesschau. https://www.tagesschau.de/inland/ueberschwemmungen-westdeutschland-105.html.

28. Ebd.

29. Staib, Julian. (2021, 15. Juli). *Im Kreis Ahrweiler: Über die Felder schäumen die braunen Fluten.* Frankfurter Allgemeine Zeitung. https://www.faz.net/aktuell/gesellschaft/ungluecke/hochwasser-im-kreis-ahrweiler-orte-von-der-aussenwelt-abgeschnitten-17438715.html.

30. Ohne Autor:in. (2021, 16. Juli). *Zwölf Menschen in Wohnheim für Behinderte ertrunken.* Der Tagesspiegel. https://www.tagesspiegel. de/gesellschaft/panorama/innerhalb-einer-minutedrang-das-wasser-bis-an-die-decke-des-erdgeschosses-zwoelfmenschen-in-wohnheim-fuer-behinderte-ertrunken/27428416.html.

31. Tunk, Carola. (2021, 15. Juli). *Mehr als 100 Tote und 1300 Vermisste: Bedroht Tief Bernd auch Berlin?* Berliner Zeitung. https://www.berliner-zeitung.de/news/ wetter-erreicht-tief-bernd-jetzt-auch-berlin-li.171180.

32. Ammer, Lisa. (2021, 16. Juli). *Starke Unwetter und Flut: Der Klimawandel ist angekommen.* Utopia. https://utopia.de/ unwetter-starkregen-flut-klimawandel-251334/.

3. Themenkomplex: Chancen(un)gleichheit in Deutschland

1. Rehm, Miriam. (2020). Vermögensverteilung und Wirtschaftskrisen. *Wirtschaftsdienst, Heft 4,* S. 245–249. https://www.wirtschaftsdienst.eu/inhalt/jahr/2020/heft/4/beitrag/ vermoegensverteilung-und-wirtschaftskrisen.html.

2. Ohne Autor:in. (2020, 15. Juli). *Vermögenskonzentration in Deutschland hoher als bisher bekannt.* Deutsches Institut für Wirtschaftsforschung e.V. https://www.diw.de/de/ diw_01.c.793891.de/vermoegenskonzentration_in_deutschland_ hoeher_als_bisher_bekannt.html.

3. Ohne Autor:in. (2017). Wie sind die Vermögen in Deutschland verteilt? In: *Bockler Impulse, Heft 4.* https://www.boeckler.de/de/ boeckler-impuls-wie-sind-die-vermoegen-in-deutschland-verteilt-3579.html.

4. Ohne Autor:in. (2021, 19. April). *Lebenslagen in Deutschland. Der sechste Armuts- und Reichtumsbericht der Bundesregierung.* Bundesministerium für Arbeit und Soziales. https://www.armuts-und-reichtumsbericht.de/DE/Bericht/Der-sechste-Bericht/ Der-Bericht/der-bericht.html.

5. Funcke, Antje & Menne, Sarah. (2020). *Kinderarmut in Deutsch-land*. Bertelsmann Stiftung. https://www.bertelsmann-stiftung. de/fileadmin/files/BSt/Publikationen/GrauePublikatio-nen/291_2020_BST_Facsheet_Kinderarmut_SGB-II_Daten__ID967.pdf.

6. Ohne Autor:in. (2018, 15. Juni). *OECD-Länder müssen soziale Mobilität starker fördern*. OECD. https://www.oecd.org/berlin/ presse/oecd-laender-muessen-soziale-mobilitaet-staerker-foerdern-15062018.htm.

7. Spannagel, Dorothee. (2017, 20. März). *Die Einkommensungleich-heit ist auf einem historischen Höchststand*. Tagesspiegel Causa. https://causa.tagesspiegel.de/wirtschaft/hat-deutschland-ein-armutsproblem/die-einkommensungleichheit-ist-auf-einem-historischen-hoechststand.html.

8. Plewnia, Günter & Ministerium der Finanzen des Lan-des Nordrhein-Westfalen. (ohne Jahr). *Einkünfte aus Kapitalvermögen*. Finanzverwaltung des Landes Nord-rhein-Westfalen. https://www.finanzverwaltung.nrw.de/de/ so-werden-ihre-einkuenfte-aus-kapitalvermoegen-besteuert.

9. Pfahl, Lisa & Powell, Justin J.W. (2010). *Draußen vor der Tür: Die Arbeitsmarktsituation von Menschen mit Behinderung. Aus Politik und Zeitgeschichte (APuZ 23/2010)*. Bundeszentrale für politische Bildung. https://www.bpb.de/apuz/32715/draussen-vor-der-tuer-die-arbeitsmarktsituation-von-menschen-mit-behinderung.

10. Ebd.

11. Beauftragter der Bundesregierung für die Belange von Menschen mit Behinderungen. (2018, November). *Die UN-Behindertenkonvention. Übereinkommen über die Rechte von Menschen mit Behinderungen*. https://www.behindertenbeauftragter.de/SharedDocs/ Publikationen/DE/Broschuere_UNKonvention_ KK.pdf?__blob=publicationFile.

12. Ohne Autor:in. (2021, Mai). *Arbeitsmarktsituation schwer-behinderter Menschen 2020.* Bundesagentur für Arbeit. https://statistik.arbeitsagentur.de/DE/Statischer-Content/Statistiken/Themen-im-Fokus/Menschen-mit-Behinderungen/generische-Publikation/Arbeitsmarktsituationschwerbehinderter-Menschen.pdf?__blob=publicationFile.

13. Kerbel, Barbara. (2015, 8. Oktober). *Inklusion: eine Schule für alle Kinder?* Bundeszentrale für politische Bildung. https://www.bpb.de/gesellschaft/bildung/zukunft-bildung/213296/inklusion-worum-es-geht.

14. Ohne Autor:in. (2011, September). *Unser Weg in eine in-klusive Gesellschaft. Der Nationale Aktionsplan der Bundes-regierung zur Umsetzung der UN- Behindertenrechts-konvention.* Bundesministerium für Arbeit und Sozia-les. https://www.bmas.de/SharedDocs/Downloads/DE/Publikationen/a740-nationaler-aktionsplan-barrierefrei.pdf;jsessionid=7F598915EDD01AEECFAE4117BD14D893.delivery1-replication?__blob=publicationFile&v=1.

15. Ohne Autor:in. (2016, Juli). *Der Nationale Aktionsplan 2.0.* Bundesministerium für Arbeit und Soziales. https://www.bmas.de/SharedDocs/Downloads/DE/Publikationen/a768-der-nationale-aktionsplan.pdf?__blob=publicationFile&v=1.

16. Ohne Autor:in. (2016, 28. Juni). *Nationaler Aktions-plan 2.0 beschlossen.* Die Bundesregierung. https://www.bundesregierung.de/breg-de/service/gesetzesvorhaben/nationaler-aktionsplan-2-0-beschlossen-342226.

17. Schraml, Petra (2020, 9. Januar). *»Inklusion bedeutet für uns die Akzeptanz und Wertschätzung der Heterogenität aller Kinder.« Gelungene Beispiele für inklusive Schulen.* bildungsserver Innovationsportal. https://www.bildungsserver.de/innovations-portal/bildungplusartikel.html?.artid=1171.

4. Themenkomplex: Migration und Flucht

1. Ohne Autor:in. (ohne Jahr). Was ist Migration? In: *Dossier Migration.* Bundeszentrale für politische Bildung. https://www.bpb. de/sellschaft/migration/dossier-migration/.

2. Treibel, A. (2008). Migration. In: Baur, N. & Korte, H. & Löw, M. & Schroer, M. (Hg.): *Handbuch Soziologie.* VS Verlag für Sozialwissenschaften.

3. Berlinghoff, Marcel. (2018, 14. Mai). *Geschichte der Migration in Deutschland.* Bundeszentrale für politische Bildung. https:// www.bpb.de/gesellschaft/migration/dossier-migration/252241/ deutsche-migrationsgeschichte.

4. Oltmer, Jochen. (2005, 15. März). *Migration und Zwangswanderungen im Nationalsozialismus.* Bundeszentrale für politische Bildung. https://www.bpb.de/gesellschaft/migration/ dossier-migration-ALT/56358/nationalsozialismus.

5. Ebd.

6. Lindhoff, Alicia. (2019, 17. September) *Einwanderungsland? Wir doch nicht.* ZEIT Online. https://www.zeit.de/politik/deutschland/2019-09/migrationsdebatte-einwanderungsland-fluechtlingspolitik-bundeswoerter.

7. Hanewinkel, Vera & Oltmer, Jochen. (2017, 20. September). *Grundzüge der deutschen (Arbeits-)Migrationspolitik.* Bundeszentrale für politische Bildung. https://www.bpb.de/gesellschaft/ migration/laenderprofile/256306/migrationspolitik

8. Motte, Jan & Ohliger, Rainer. (2009, 1. September). *Rückblick: 30 Jahre Kühn-Memorandum.* Bundeszentrale für politische Bildung. https://www.bpb.de/gesellschaft/migration/ newsletter/57143/rueckblick-30-jahre-kuehn-memorandum.

9. Ebd.

10. Ohne Autor:in. (2012, 21. August). *Irans Hochschulen verbannen Frauen aus 77 Studiengängen*. ZEIT Online. https://www.zeit.de/politik/ausland/2012-08/hochschule-iran-frauen.

11. Ohne Autor:in. (2020). *Vertragsarbeiter*. Brandenburgische Landeszentrale für politische Bildung. https://www.politische-bildung-brandenburg.de/lexikon/vertragsarbeiter.

12. Ohne Autor:in. (2020, 17. Dezember). *Erstes Anwerbeabkommen vor 65 Jahren*. Bundeszentrale für politische Bildung. https://www.bpb.de/politik/hintergrund-aktuell/324552/anwerbeabkommen-mit-italien.

13. Trost, Gabriele & Linde, Malte. (2016, 9. Februar). *Gastarbeiter*. Planet Wissen. https://www.planet-wissen.de/geschichte/deutsche_geschichte/geschichte_der_gastarbeiter.

14. Ohne Autor:in. (2020, 9. September). *Feuer verwüstet Flüchtlings-lager Moria*. Tagesschau: https://www.tagesschau.de/ausland/brand-moria-105.html.

15. Ohne Autor:in. (2020, 9. September). *Flüchtlingslager Moria in Flammen*. Tagesschau. https://www.tagesschau.de/ausland/brand-moria-101.html.

16. Ohne Autor:in. (ohne Jahr). *Europäische Union erhält Friedens-nobelpreis 2012*. Europäische Union. https://europa.eu/european-union/about-eu/history/2010-2019/2012/eu-nobel_de.

17. Jakob, Christian. (2020, 17. September). *Flüchtlinge in Moria: Sie können nicht mehr*. Amnesty International. https://www.amnesty.de/informieren/amnesty-journal/griechenland-fluechtlinge-moria-sie-koennen-nicht-mehr.

18. Cremer, Hendrik. (2017, 6. März). *Das Flüchtlingsabkommen zwischen der Europäischen Union und der Türkei*. Bundeszentrale für politische Bildung. https://www.bpb.de/gesellschaft/migration/laenderprofile/243222/fluechtlingsabkommen-eu-tuerkei.

19. Wesel, Barbara. (2021, 18. März). *EU-Türkei-Abkommen: Der Deal zur Abschreckung.* Deutsche Welle. https://www.dw.com/de/eu-türkei-abkommen-der-deal-zur-abschreckung/a-56870596.

20. Ohne Autor:in. (2016, 17. März). *Trotz Nachbesserungen: Der EU-Türkei-Deal verstößt gegen fundamentale Menschenrechte!* Pro Asyl. https://www.proasyl.de/news/trotz-nachbesserungen-eu-tuerkei-deal-verstoesst-gegen-fundamentale-menschenrechte.

21. Ohne Autor:in. (2016, 16. März). *#stopthedeal: Flüchtlings-abkommen der EU mit der Türkei ist rechtswidrig.* Amnesty International. https://www.amnesty.de/presse/2016/3/16/stopthedeal-fluechtlingsabkommen-der-eu-mit-der-tuerkei-ist-rechtswidrig.

22. Ohne Autor:in. (2019, 19. Februar). *Europarat alarmiert über Zustände in griechischen Flüchtlingslagern.* Der Standard. https://www.derstandard.de/story/2000098204298/europarat-alarmiert-ueber-zustaende-in-griechischen-fluechtlingslagern.

23. Göbel, Alexander. (2020, 3. April). »*Worauf wartet die EU?*« Tagesschau. https://www.tagesschau.de/ausland/moria-corona-virus-eu-101.html.

24. Ohne Autor:in. (2020, 9. September). *Flüchtlings-lager Moria auf Lesbos steht in Flammen.* ZEIT Online. https://www.zeit.de/gesellschaft/zeitgeschehen/2020-09/griechenland-fluechtlingslager-moria-lesbos-braende.

25. Ohne Autor:in. (2021, 13. Juni) *Vier Migranten verurteilt.* Süddeutsche Zeitung. https://www.sueddeutsche.de/politik/moria-brand-vier-migranten-verurteilt-1.5320334.

26. Riegert, Bernd. (2020, 17. September). *Moria: Empörung und Abgrenzung im EU-Parlament.* Deutsche Welle. https://www.dw.com/de/moria-empörung-und-abgrenzung-im-eu-parlament/a-54960264.

27. Ghassim, Armin. (2020, 18. Dezember). *Verzweifelter Kampf gegen die Kälte.* Tagesschau. https://www.tagesschau.de/ausland/moria-kara-tepe-101.html.

28. Ohne Autor:in. (2021, 18. Juni). *82,4 Millionen: Noch nie waren so viele Menschen weltweit auf der Flucht.* UNRIC – Regionales Informationszentrum der Vereinten Nationen. https://unric.org/de/18062021unhcr.

5. Themenkomplex: (Alltags-)rassismus in Deutschland

1. Maxwill, Peter. (2020, 20. Februar). *Die Wahnwelt des mutmaßlichen Attentäters.* Der Spiegel. https://www.spiegel.de/panorama/justiz/hanau-taeter-veroeffentlichte-ausfuehrliches-bekenner-schreiben-aa026da8c-86b9-4de6-894d-7a6598edecdc.

2. Ohne Autor:in. (2020, 4. März). *»Als würde mein Sohn ein zweites Mal ermordet«.* ZEIT Online. https://www.zeit.de/gesellschaft/2020-03/hanau-gedenken-brief-angela-merkel-rassismus.

3. Radke, Johannes. (2013, 16. Oktober). Der *»Nationalsozialistische Untergrund« (NSU).* Bundeszentrale für politische Bildung. https://www.bpb.de/politik/extremismus/rechtsextremismus/167684/der-nationalsozialistische-untergrund-nsu.

4. Morasch, Viktoria. (2019, 19. Oktober). *Kevin und seine Freunde.* taz. https://taz.de/Trauer-um-die-Opfer-von-Halle/!5631733.

5. Beeko, Markus N. (2021, 19. Februar). *Ein Jahr Hanau: Vom Gedenken zum Handeln für die Überlebenden. Ein Aufruf.* Amnesty International. https://www.amnesty.de/informieren/aktuell/deutschland-hanau-gedenken-anschlag-rassismus.

6. Maus, Robert. (2021, 15. Juni). *Auch in Hanau waren verdächtige SEK-Beamte im Einsatz.* Frankfurter Allgemeine Zeitung. https://www.faz.net/aktuell/rhein-main/frankfurt/auch-in-hanau-waren-verdaechtigte-sek-beamte-im-einsatz-17391522.html.

7. Nguyen, Toan Quoc. (2014, 6. November). *»Offensichtlich und zugedeckt« – Alltagsrassismus in Deutschland.* Bundeszentrale für politische Bildung. https://www.bpb.de/dialog/194569/offensichtlich-und-zugedeckt-alltagsrassismus-in-deutschland.

8. Ohne Autor:in/as/se. (2021, 13. Februar). *Merkel: »Rassismus ist ein Gift. Der Hass ist ein Gift«.* Deutsche Welle. https://www.dw.com/de/merkel-rassismus-ist-ein-gift-der-hass-ist-ein-gift/a-56559464.

9. Lê, Nhi. (2020, 1. April). *Ich.Bin.Kein.Virus.* ZEIT Campus. https://www.zeit.de/campus/2020-03/rassismus-coronavirus-asiaten-husten-oeffentlichkeit-diskriminierung.

10. Ohne Autor:in. (2021, 6. Mai). *Factsheet: Anti-asiatischer Rassismus in der Corona-Zeit.* Mediendienst Integration. https://mediendienst-integration.de/fileadmin/Dateien/Factsheet_Anti_Asiatischer_Rassismus_Final.pdf.

11. Leber, Sebastian. (2020, 18. April). *»Er sagte, man müsse mich mit Sagrotan einsprühen«.* Der Tagesspiegel. https://www.tagesspiegel.de/themen/reportage/entfesselter-rassismus-in-der-coronakrise-er-sagte-man-muesse-mich-mit-sagrotan-einspruehen/25750740.html.

12. Suda, Klimiko & Mayer, Sabrina J. & Nyguen, Christoph. (2020, 9. Oktober). *Antiasiatischer Rassismus in Deutschland. Aus Politik und Zeitgeschichte (APuZ 42–44/2020).* Bundeszentrale für politische Bildung. https://www.bpb.de/apuz/antirassismus-2020/316771/antiasiatischer-rassismus-in-deutschland.

13. Jeung, Russell & Yellow Horse, Aggie J. & Popovic, Tara & Lim, Richard. (2021, 16. März). *Stop AAPI Hate National Report.* Stop AAPI Hate. https://stopaapihate.org/2020-2021-national-report.

14. Kuo, Lily. (2020, 17. März). *Trump sparks anger by calling coronavirus the »Chinese virus«.* The Guardian. https://www.theguardian.com/world/2020/mar/17/trump-calls-covid-19-the-chinese-virus-as-rift-with-coronavirus-beijing-escalates.

6. Themenkomplex: Digitale Gewalt

1. Biermann, Kai & Thurm, Frida. (2019, 18. Juni). *Angestachelt zur Gewalt.* ZEIT Online. https://www.zeit.de/gesellschaft/zeitgeschehen/2019-06/walter-luebcke-hass-hetze-bedrohungen-drohbriefe-rechtsextremismus.

2. Süß, Sonja. (2021, 4. Februar). *Der Mord an Walter Lübcke – eine Chronik.* Hessenschau. https://www.hessenschau.de/gesellschaft/der-mord-an-walter-luebcke---eine-chronik,mordfall-luebcke-chronik-100.html.

3. Hackenbruch, Felix. (2021, 18. Mai). *Das sind nicht einfach nur Kommentare, das ist Gewalt aus dem Internet.* Der Tagesspiegel. https://www.tagesspiegel.de/politik/gruenen-politiker-ala-ows-erklaert-seinen-rueckzug-das-sind-nicht-einfach-nur-kommentare-das-ist-gewalt-aus-dem-internet/27202146.html.

4. Vooren, Christian. (2021, 18. Mai). *Ich habe Krieg und Flucht erlebt, aber mich nie so hilflos gefühlt.* ZEIT Online. https://www.zeit.de/gesellschaft/zeitgeschehen/2021-05/tareq-alaows-bundestag-kandidatur-buendnis-90-die-gruenen-rassismus/komplettansicht.

5. Schäfer, Jamila & Lang, Ricarda & Alaows, Tareq. (2021, 18. Mai). *Politisch Aktive wirksam vor Angriffen schützen.* BÜNDNIS 90/DIE GRÜNEN Online. https://www.gruene.de/artikel/politisch-aktive-wirksam-vor-angriffen-schuetzen.

6. Kießling, Thomas & Tillack, Anna. (2019, 08. Oktober). *Politi-kerinnen besonders oft Ziel von Hass.* Tagesschau. https://www.tagesschau.de/investigativ/report-muenchen/hass-politikerin-nen-101.html.

7. Diaby, Karamba [KarambaDiaby]. (2021, 2. Juni). *Heute jährt sich der politische Mord an #WalterLübcke.* Twitter. https://twitter.com/KarambaDiaby/status/1267721801947381763.

8. Diaby, Karamba [KarambaDiaby]. (2021, 2. Juni). *Ich sei hier nicht erwünscht!* Twitter. https://twitter.com/KarambaDiaby/status/1267739857989795840.

9. Felling, Matthias & Fritzsche, Nora & Knabenschuh, Silke & Schülke, Britta. (2019). *Hate Speech. Hass im Netz.* Landes-anstalt für Medien Nordrhein-Westfalen. https://ajs.nrw/materialbestellung/hate-speech-hass-im-netz/.

Alle Internetquellen zuletzt abgerufen im Juli 2021

DANKSAGUNG

Es ist nicht selbstverständlich, dass man fremde Menschen an den Küchentisch einlädt, um über die eigenen Ängste und Hoffnungen zu sprechen. Deshalb: Dankeschön! Danke an alle Menschen, die ich auf meiner digitalen Deutschlandreise treffen durfte. Danke für eure Zeit. Danke für eure Offenheit. Danke für euer Engagement.

Ich habe mich entschieden, dass ich sämtliche Erlöse spenden werde, die ich als Autorin mit dem Verkauf dieses Buches einnehme. Die Protagonist:innen meines Buches haben je eine Organisation gewählt, die einen Beitrag zu einem gesellschaftlichen Miteinander leistet. Das Geld wird aufgeteilt und jeder Organisation die gleiche Summe zur Verfügung gestellt.

NATURALOU

Green Online Shop

reduce waste.
avoid plastic.
support the planet.

Wir haben plastikfreie, nachhaltige und vegane Produkte für deinen Alltag! Starte deinen Less Waste Lifestyle und spare 10% auf deine Onlinebestellung ab 30 € mit dem Code "wir10".*

www.naturalou.de

🅞 naturalou_shop

🅟 naturalou_shop

🅕 naturalouonlinshop

*Gib den Code "wir10" in das Feld "Rabattcode" ein. 10% Rabatt ab einem Mindestbestellwert von 30€. Nicht mit anderen Rabattaktionen kombinierbar. Für die Richtigkeit der Angaben übernehmen wir keine Gewähr.